BANJI GUANLI ZHONG DE ZHIHUI

班级管理中的智慧

李荣◎主编

中国海洋大学出版社

·青岛·

图书在版编目(CIP)数据

班级管理中的智慧 / 李荣主编. —青岛:中国海

洋大学出版社,2021.8

ISBN 978-7-5670-2913-2

Ⅰ.①班… Ⅱ.①李… Ⅲ.①中小学－班级－学校管

理 Ⅳ.①G632.421

中国版本图书馆 CIP 数据核字(2021)第 169921 号

出版发行	中国海洋大学出版社			
社 址	青岛市香港东路 23 号		邮政编码	266071
出 版 人	杨立敏			
网 址	http://pub.ouc.edu.cn			
电子信箱	cbsebs@ouc.edu.cn			
订购电话	0532－82032573(传真)			
责任编辑	邹伟真		电 话	0532－85902533
印 制	青岛国彩印刷股份有限公司			
版 次	2021 年 8 月第 1 版			
印 次	2021 年 8 月第 1 次印刷			
成品尺寸	170 mm×230 mm			
印 张	11.25			
字 数	256 千			
印 数	1～2500			
定 价	59.00 元			

发现印装质量问题,请致电 0532－58700168,由印刷厂负责调换。

自　序

　　1999 年大学毕业后,我毅然决然地踏入了教育行业,走上了教师岗位。记得第一年参加工作时,我担任了吕福昌老师所带班级的副班主任。自然的,吕老师就成了我班主任生涯的入门老师。跟着吕老师学习的那一年,我对班主任工作有了比较深刻的理解和清晰的认识。经过一年的学习和考验,第二年,学校便安排我做高一年级一个班的班主任。同时,在吕老师的推荐下,我被任命为高一年级主任,成为当时最年轻的年级主任。这顿时让我无所适从,忙乱无序,真真切切地感觉到了肩上担子的分量和来自工作中的压力。虽说跟着吕老师学习了一年的班主任工作,取得了一些"真经",看懂了一些门道,但毕竟没有独立担任过班主任,尚不懂这"经"该怎么念才好,心里着实没有多少底气。值得庆幸的是,年级里有不少经验丰富的老教师和班主任,他们是我做好这份工作的一笔"财富"。班主任工作中遇到这样那样的问题,他们总会给予我及时的指导和宽容的抚慰,所以,后来的工作也算是顺风顺水。

　　这一干,就是 20 年,班主任工作也是在摸索中前进,在总结中提升。

　　20 年来,我始终秉持两个教育理念:

　　家长希望孩子能遇到一个什么样的班主任,我就争取做一个那样的班主任;

　　自己希望孩子能遇到一个什么样的班主任,我就争取做一个那样的班主任。

　　带起始班和中途接班,在我 20 多年的班主任生涯中,基本是对半分。面对每一届学生,我都会告诫学生 10 条我自己总结的教育原则:①你可以考不上好大学,但你不能没有好习惯;②你可以没有高学历,但你不能没有高品格;③你也许做不到大公无私,但你至少不能太自私;④你可能不会轻易被感动,但你不能不懂得感恩;⑤你可能知道会有失败,但你不能放弃去尝试;⑥你可能觉得目标无法实现,但你不能没有追求;⑦你可能还没有找到正道,但你绝不能误入歧途;⑧你可以对别人失望,但不能对自己失望;⑨你可以对自己要求不高,但你不能对自己要求不严；⑩你可能觉得现在学习很累，但你不学习以后会更累。

时任山东省济南回民中学校长杨长寨曾有一个观点，我非常赞同。他说："学校可以数日无校长，但不可一日缺班主任。数日无校长，学校仍可以正常运转；一日缺少班主任，班级就可能出现问题。"杨校长这个观点一语切中了班主任工作的重要性。他很重视班主任的选拔和培养，把班主任工作和学校德育工作摆在学校工作的突出位置，关心、关爱、关注班主任的身心健康和专业成长。这给我们班主任创造了很好的工作环境和工作平台，坚定了"撸起袖子加油干"的实干精神，班主任之间形成了"迈开步子加油撵"的良好竞争氛围和"你帮我助讲奉献"的和谐互助氛围。

有人说，中小学班主任工作是一个成年人与一群未成年人之间斗智斗勇的过程，只要看好班里学生不出大的问题，班主任工作就算是成功的。我觉得这种"哄着孩子别哭闹，拍着孩子睡着觉"的班级管理是一种典型的"保姆式"管理模式。缺少情感的投入，没有爱心的渗透，不进行深层反思，班主任也就只是个所谓的"孩子王"。

家长当初决定把孩子送进这所学校的时候，是对学校充满了信任和期待的；学生满怀信心踏入这所学校的时候，是对自己充满了希望和憧憬的；学校把这个班级交到班主任手上的时候，同样也是对班主任充满了信赖和认可的。如果班主任在班级工作中吝啬爱心、缺乏情感、丢失责任，只满足于看好孩子和盯好班级，那我们就成了名副其实的"孩子王"。

接手一个班的时候，班主任都会反复观察和研究每一名学生。其实，当班主任观察和研究学生的时候，班里几十名学生也开始研究这个班主任了。作为班主任，我们要做的就是尽量"潜伏下来""藏好自己"，不要过早"暴露"，以免被学生很快"发现"。不要让自己的招数过早"弹尽粮绝"，从而"暴露于阳光下面"，最终只能"举手投降"。作为班主任，我们要抛却"一桶水"思想，力争做一名"小溪水"老班。如果全班学生真的把你"看透"了，研究明白了，班主任就会变成"黔之驴"，学生就会成为"猛虎"。那时班主任除了"怒、踢"之外，便再无他法。于是，这个班级就会风险频出，甚至面临失控。所以，要想当一名合格的班主任，那就决不能有"吃老本"的思想，因为你所面对的学生在不断变化，你与学生的"代沟"在逐年拉大。你既要引导学生适应你的风格，更要通过改变自己去适应学生的特点。否则，班主任与学生就会成为"盘山路"上的游客，拐弯处能"隔道相望"，却因为撵不上学生而永远做不成相随相伴的"驴友"。

当班里出现问题的时候，有的班主任喜欢通过唠叨、怒吼、生气等方式解决问题，这往往会适得其反，使状况僵化、恶化。久而久之，学生就会对班主任失去信心，而且这种情绪会进一步传染给家长，让家长对班主任失去信心，甚至影响学校的社会声誉。

家长认不认可班主任，学生信不信服班主任，不是看你唠叨得有多少，也不是看你表现得有多凶，甚至也不是看你辛勤付出了多少，而在于你是不是做到了将心比心，以心换心。当你真正对孩子们付出了真心、诚心和责任心的时候，家长自然会支持班主任的工作，学生也自然会信服你这个班主任，进而维护班级形象。其实这就是对学生的爱，也是对教育的责任。

做班主任工作，不能抱有立竿见影的心态、急功近利，也不能抱有"一夜暴富"的幻想而坐享其成。要想做一名合格班主任，就要有"大国工匠"的执着严谨精神，执着于对班级的经营，需要精益求精；严谨对待每一名学生的教育。"玉不琢不成器"，班主任就是每一块"学生玉"的雕琢师，也是每一个班级经营的"工匠"。做一名合格班主任，还要有"驻村干部"的勤劳奉献精神。既要学会下沉，近距离了解学生；更要学会学习，从内心懂得学生。唯有"知百人意、懂百人情"，方能"解百人事、得百人心"。

有目标，不一定要追求实现的结果，但一定要有奋斗的过程。

我们做班主任就必须要有明确的目标，但不能有太纯粹的目的。现在很多校领导都有一个共同的苦恼，就是很多老师都不愿做班主任工作。越来越多的老师对班主任岗位唯恐避之不及，甚至有许多中小学出现了"班主任荒"的现象。要做通一名老师的工作，往往需要苦口婆心的劝导，甚至反复多次。究其原因，关键是班主任工作强度太大，在校时间太长，责任风险太高，心理压力太大，所以很多老师选择了回避，不敢触碰。

有的老师即便接受了这份工作，也是有一定的勉强成分在里面。有的老师干班主任，是带有很纯粹的目的的，诸如为了晋升、职称评聘等。如果班主任带着太纯粹的目的上岗，就会让工作变得功利，甚至让教育变得功利，让有些跟教育有关的东西也会变得功利。如此一来，班主任的工作态度、热情、爱心、积极性、责任心、精神面貌等都会大打折扣。可想而知，班主任会为这个班级付出多少，操心多少。"交粮草"以完成自己的功利性任务和目的，一旦任务完成、目的达到，有的班主任就会以各种理由辞去班主任的职务，这是一件非常可悲的事情。

我们选择做班主任，必须要过自己良心这一关。要么不干，要干就要"干出个样儿"。要给自己定好明确的目标，并为之奋斗，努力争取实现。有了明确的目标，才会有前行的动力。所以，做班主任工作必须要树立正确的价值观，这个价值观就是"以学生为中心"的"学生观"，也是我们应该追求的目标。在这个价值观的引领下，才能做出正确的价值判断和价值选择。

本书中收录的故事，全部来自我多年班主任工作和班级管理中的真实案例。

若要实现班级的长期稳定发展，形成一个和谐健康的集体，需要确定适合本班级的管理模式和管理理念。班级管理不但要注重班级事务的处理，更要注重人的培养。班级管理需要技艺、需要能力、需要责任与爱心，但更多的还是需要智慧。

限于我个人的学识和实践能力，书中难免出现错误与不妥之处，欢迎读者不吝赐教，帮我指出，与我交流，我将不胜感激。

是为序。

目　录

高压定型　班规说话

——做一个"死板"的班主任

常言道:"国有国法,家有家规。""不以规矩,不成方圆。"作为一个特殊的大家庭,班级管理与经营也必须做到有"规"可依、有"章"可循。这个"规"和"章",就是班级常规管理制度,即班规。班规的制订是否符合班级实际,是否具有科学性、民主性和可操作性,将直接关系到班规作用的发挥,关系到班集体的有效建设与管理。

魏书生老师曾指出,班级管理一要体现民主,二要体现科学。班规是班级管理的法律依据,是形成优良班风和学风的基本保障。所以,班规的制订必须充分反映出"集民智,汇民意"的原则,体现班规的科学性和民主性。

"一导三参与",注重班规制订的参与性和民主性。在制订第一套班规时,我坚持"一导三参与"原则。"一导",即班主任主导。班主任是班级的组织者与管理者,是一个班级的灵魂,所以,班规的制订必须发挥班主任的主导作用。根据学校各项管理规定,结合班级学生实际,我首先制订了一份初稿(讨论稿),并试运行了一段时间,以观其效,判断班规的可操作性。"三参与",即任课教师参与、学生参与、家长参与。根据试运行效果及发现的问题,分别让任课教师、学生和家长参与班规的修改与完善。广泛征求意见和建议,最后形成适合班级实际的管理规定。正式班规形成后,可以在一定时间内沿用,只是在面对不同学生时,根据实际情况进行修改和补充即可,大可不必频繁修改,也不必一届一新规。

任课教师参与班规制订,有助于更好地落实课堂班主任制,形成齐抓共管的教育氛围。让学生参与班规的制订,本身就是对学生的一次德育教育过程,有助于培育学生的集体意识、责任意识、自律意识和参与意识,体现班级主人翁责任感,也有助于培养学生自我教育、自我管理的意识与能力。班级管理需要得到家长的参与和支持,家长参与班规制订,是家校沟通的一种有效方式,可以帮助班主任更好地规范孩子的行为,形成家校共育合力。

在执行班规时,要做到"对事不对人",维护班规的公平性和严肃性。班规只是班级管理与经营的章程,还只是停留在理论阶段。通过不断实践,努力落实班规的过程才是关键。很多班级虽有班规,但却形同虚设,在执行过程中走了样、变了形。究其原因,一是因为班规制订得太高、太严、太虚,实际操作性差,可行性不强;二是班主任在执行班规的过程中掺杂了过多的个人情感。有的班主任根据学生成绩、品行习惯为标准落实运行班规。久而久之,班级也就失去了凝聚力和向心力,班规也就成了一纸空文,班主任也会慢慢失去在学生心目中的公正形象。如何让班规发挥规范和激励作用,我认为最重要的就是要做到"对事不对人"。我的具体做法是,将班规装订成册,人手一册,每个人对条目细则都"心中有数",无论是谁,只要是触犯了"天条",都要按班规"惩戒"。

有一名学生曾经在地理课上偷看《十宗罪》,被老师当堂没收。下课后老师找我"告状",并将没收的课外书交给了我,我把学生叫到办公室了解具体情况。

我问学生:"课堂上看课外书应该怎么办?"

学生说:"老师您说怎么办就怎么办。"

我说:"我是班主任,也是班级成员之一。不是我说怎么办就怎么办,是班规说怎么办就怎么办。"我让学生拿来班规,按照自己的错误找出对应的条款。

学生说:"老师,能不能原谅我这一次。以后绝对不在课堂上偷看课外书。"

我告诉学生:"我们现在要解决的是这次看课外书的问题,与下次没有什么关系。班规面前人人平等,这是原则。我们制订班规的目的就是为了规范我们每个人的行为习惯,每个人必须遵守。"

学生没有了任何狡辩和怨言,严格按照班规自觉服从管理。看似死板的处理方式,其实恰恰培养了学生遵守规则的行为习惯。

曾有一次我在全校范围内组织开展主题班会观摩课。班会课准备阶段,我只是告诉学生根据学校统一安排,我们需要召开一次主题班会。我告知了学生主题班会召开的时间、地点和观摩范围,但没有告知学生班会的主题,更没有提前对学生进行任何安排和演练。班会开始,我让每一名学生准备一张纸,一支笔,然后在纸上画出一条 4 厘米长的线段和一个直径 3 厘米的圆。任务下达后我不再说话,只是站在讲台上默默观察每一名学生。结果,全班同学面面相觑,一时不知如何下手。但最终也没什么好办法,同学们只能无奈地硬着头皮凭感觉画出了线段和圆。我随机点了几名同学到展台上展示自己的作品,结果可想而知,这几名同学的展示让全班同学"笑掉了大牙"。等这几名同学展示完后,我也在展台上展示了我的作品。

我问同学们我的作品和同学们的作品有什么区别时,同学们异口同声地说老师是用直尺和圆规画的。我说没错,4 厘米长的线段和 3 厘米直径的圆,在我们每名同学的脑海中都有一个大致的轮廓,但是要真正把它们画出来,画得精准,我们必须要借助工具,这个工具就是直尺和圆规,这就是我们常说的"规矩"。平时我们经常能听到老师强调说"没有规矩不成方圆",但我们并没有把老师的话当回事儿。但是,今天同学们亲自体验了,亲自感受了,没有圆规和直尺,我们真的画不出精确的线段和圆。画一条线段、画一个圆尚且如此,那么,作为一名学生,我们是不是也需要用"规矩"来规范我们的日常行为和学习习惯呢?

一节观摩课,我用了很多学生身边的事例教育引导学生敬畏"规矩",遵从"班规",教育他们要明白制订班规和尊重班规的重要性。课堂的最后阶段,我把班规的初稿发给学生,让学生参与班规的修改和制订,让他们分别站在自身和班集体两个角度去审读、去完善。学生们完成得很认真、很仔细,也很有责任心。

经营好一个班级,如果仅靠班主任的威严和强势,班级工作必定陷入"独裁"。有人说,一个好班主任就是一个好班级,我倒认为,一个好班规更是一个好班级。威严式管理充其量是权宜之计,只能管一时,不能管一世。

我们经常会发现这样的现象,当班主任在学校的时候,班级同学温顺、听话、有礼、规矩,表现得很好。一旦班主任因假不在学校,同学们的表现就会截然相反。出现这种现象很重要的一个原因就是学生没有养成良好的行为习惯,没有形成好的规矩。班级管理更多地依赖班主任的威严和强势,而忽略了班规的导向和规整作用。以威治班，学生会对班主任产生敬畏之心，从而表现得温顺，言听计从。其实这是"假象"，学生内心里并不一定信服。所以，一个班级的规范管理，只靠班主任的"威严"是远远不够的，更应该树起班规的"权威"，让学生从内心敬畏班规。让班规说话，以班规"高压"，才能"定型"学生的行为习惯，"定型"班级的正常管理。

有的班主任请假时，都不敢让学生知道，担心一旦让学生知道，学生可能会"无法无天""上房揭瓦"。其实产生这种顾虑的原因就是没有给学生和班级做好规范，没有养成良好的班级习惯。我的做法是，除极特殊情况外，我不会因请假而让学校给我的班级安排临时班主任。请假前我会向学生开诚布公地"交代"清楚自己请假的原因和时长，并且将班级工作做一个简单系统的梳理和安排。两名班长负责协调班内各项工作，其他班干部各司其职，按照我们班自己制订的"学生在校一日明白卡"按部就班地推进每一项工作。班主任在校与不在校基本没有多大区别，学生活而不乱，班级井然有序。

雾里看花　水中望月

——做一个会"布白"的班主任

老子曾提出"知其白,守其黑,为天下式"的辩证观点。"黑"无"白"不显,"白"无"黑"不彰,黑与白相反相成,互不为缺。

中国传统绘画讲究"布白"艺术,说的就是一幅画不能画满整张纸,要留有一定的空白,看似无画的空白给人以无限想象空间和无穷美感。如果没有"布白"艺术,齐白石《虾》中的"水"就不会那么清澈;如果没有"布白"艺术,徐悲鸿《马》中的"风"也就没有那么飘逸。

班级管理同样需要"布白"艺术。从言行举止到行为活动,从尊重自我到服从大局,都应该巧妙"布白"。做到班主任少下手,让学生多上手;班主任少指手,让学生多动手;班主任少强制,让学生多思量;班主任少干预,让学生多领悟;班主任少表白,让学生多倾诉。通过"布白"艺术,在班级管理中给学生留出一定的空余,引导学生学会自我教育、自我管理、自我服务,有助于激发学生的主体意识,营造民主和谐的班级氛围。

班级管理中,每个班主任都会遇到一些很棘手的突发事件,尤其是在学生犯了"不可饶恕"的错误时,班主任往往就不怎么淡定了,对着学生一阵狂吼,大发雷霆,致使师生矛盾进一步升级。俗话说:"良言一句三冬暖,恶语伤人六月寒。""吼"学生只能让事态更加恶化,对问题的解决不会有任何帮助。遇到突发的"大事件",我的具体做法是,首先让自己保持足够冷静,即使真生气,也要假装不生气,给自己"降降温",不着急说话,不急于表态。留出一定的时间和空间,让学生自己静静,给学生一个挽回"颜面"的机会。让老师"缓冲"一下自己,给自己一个能下得去的"台阶"。切不可当着学生的面说一些"收不回"的话,做一些"出格"的事。

有一次生物课上课前,有一名学生在讲桌上写了辱骂老师的语言。当一无所知的生物老师走进教室看到写在讲桌上的话语后便摔门离开教室,哭着跑回了办公室。班长到办公室告诉我这件事的时候,我深知事态的严重性,也很清楚学生行为的恶劣程度。我问班长谁写的,班长说不知道。我抑制住自己愤怒的情绪,心里反复默默告诫自己要冷静,不能发火。等完全"安抚好"自己后,我去了教室,讲桌上辱骂老师的话已经被同学们擦除了。具体写的什么,我不得而知,我想也没有必要去追究写的什么内容。

我对同学们说:"班里出现这样的事情,我们每个人都有责任,但主要责任在我,因为我是班主任,我首先要反思我的工作。"同学们都低着头,教室里出奇得安静。

我接着说:"请同学们不要相互猜疑,我并不想着急知道这件事是哪位同学做的。我只是觉得这位同学以这样的方式发泄自己的情绪,说明他的内心受到了很大的刺激,情绪的积累可能已经到了极点。"

这时,凝固的氛围略微有了一点点缓和,有的同学微微抬起头,不时瞥我一眼。我抓住这微小的变化继续说:"这样吧,我想和这位同学秘密交流一下,想了解一下你的想法。如果你信得过老师,你可以晚上给老师发个短信或打个电话;如果你信不过老师,我们就把这个事'化了','埋'起来,我去向生物老师'负荆请罪',毕竟这事儿发生在咱们班,我们掩耳盗铃装'鸵鸟'显然是回避不了的。"

晚上,我收到了一条手机短信。令我惊讶的是,给我发短信承认这个事情的是一名平时很文静、很内向的女生。

"老师,讲桌上的话是我写的。"

"哈哈,原来是你啊……"我故作轻松。

"为什么要这样做呀,方便给老师倾诉倾诉吗?"随后附了一个笑脸的表情,我想尽可能让气氛平缓一些,也想在一个舒缓的氛围中打开她的心结,让她感觉到我真的很关心她。

她并没有及时回复我,我也不能完全确定此时此刻她的心情是怎样的,为了不把事情弄得更加糟糕,我只有耐心等待她的信息。

大约过了五分钟，她回复了我的信息。

"老师，您能给我保密吗？我会不会被开除？"我完全能想象到这个小女孩在这一刻所经历的激烈的思想斗争。

"老师答应你，一定为你保密。事情没有你想象得那么严重，请你相信老师。"

"嗯，谢谢老师！"

"因为有几次我没有按时完成生物作业，后来生物老师就不发给我学案和试题等资料，感觉在同学面前挺没面子，所以才有了想气气老师的想法，没想到会这么严重。"

"老师，对不起，您别生气好吗？"

"我没有生气，我只是在反思，班里有同学的情绪、心理发生了这么大的变化，我却没有丝毫发觉，也说明我的工作有很大失误。"

又是好几分钟的沉默……

"我不知道怎么面对您和生物老师。其实生物老师之前对我挺好的。"

"老师，我想给生物老师写封信，可以吗？"

"可以，你这次做的事儿确实有点过分，不过你还记得生物老师对你的好，想给老师写封信，说明你已经认识到了错误，你在内心里还是喜欢生物老师的，对吗？"

"嗯。"

"老师不会因为一个错误就对同学产生偏见，但是同学们犯了错误必须要学会承担。"

"我知道，老师！"

……

我和她交流了很多，她也意识到自己的鲁莽行为对老师、同学和班级造成的伤害。后来，她和生物老师进行了真诚的交流，给老师道了歉，老师也原谅了她。其实，遇到这样的事，说不生气是假的。但作为班主任，就是真生气，也不能生真气。正因为老师"会装"，才给学生留足了面子，留足了调整、反思的时间和空间，也很好地保护了学生的自尊，得到了学生对班主任的信任和理解。

所以，当我们遇到一些棘手的问题时，不必慌乱，也不要火冒三丈，更无须马上弄个水落石出。因为有些事情真的不是"你想分辨这变幻莫测的世界就能分辨得了的"。适时地"装一装"，迷糊一会儿，"看看雾里花，望望水中月"，反而可能会"借到一双慧眼，能把这纷扰的世界看得清清楚楚、明明白白、真真切切"。

班级管理中，有些问题的处理需要班主任掌握一定的"布白"艺术。尤其是在面对学生出现诸如此类的问题而怒不可遏的时候，切不可把话说得"太满"，也不能把事情做得"太绝"。我们要学会给自己"留条后路"，给学生"留点空间"。只有给彼此一定的"可缓之时"，才可能让事情出现"可转之机"。

"大题小做" 宽恕包容

——做一个"护犊子"的班主任

"大题小做",是指把大题目做成小文章,比喻把重大的问题当作小事情来处理。

班级管理中,学生难免会犯下一些"不可饶恕的大错"。面对这样的"大错"时,我们班主任要学会举重若轻,试着借用"大题小做"的处理办法,把大问题当作小事情来对待,大事化小、小事化了。用宽容的心态包容而不纵容学生,以尊重的姿态保护而不袒护学生。尽量做到不把学生的"大错"公之于众,唯恐天下无人不知,避免对学生进行当众指责和训斥。

其实在犯下"大错"之后,学生往往能"嗅出"问题的严重性,能掂量出自己的错误有多大,也能从侧面"窥探"到老班究竟有多生气,心里明白学校会怎么处理。这一切,学生的心里跟明镜儿似的,尽管嘴巴像煮熟的鸭子一样硬,内心却像糠了的萝卜一样虚。此时,班主任所要做的就是弄清楚事情的真相,想想怎样帮助学生认识错误,改正错误。切不可一棍子打死,与之划清界限。否则,学生一旦受到情绪上的刺激,感觉颜面尽失,他就会破罐子破摔,自暴自弃,摆出一副"爱咋咋地"的架势,致使问题的解决陷入僵局,班主任也很难收场。

我们教育学生的目的不是"治理"学生,而应该是想办法"治疗"学生。让学生认识问题的严重性,反思自己的主观错误和行为过失,通过教育转化让学生学好、学会。

大课间跑完操,同学们陆续回到了教室。王林勇(本书出现的学生名均为化名)与几名关系要好的同学急急火火地跑到我办公室。

"老师,我的耳机不见了,我想查一下监控,看看是谁偷的。"他的语气里带着急切和愤怒。

我问："在哪儿丢的？什么时候丢的？"

王林勇说："大课间跑操之前耳机还在桌洞里，回来后发现不见了，我确定就是在大课间跑操的时候被别人偷走的。"而且他说这个耳机是他姐姐给他的十八岁生日礼物，三百多块钱。

"你先别着急，想想是不是放在别的地方了，再仔细找找。"我尽量用比较舒缓的语言"敷衍"着他。

我寻思即便是查看监控，也不能由学生参与查看。因为我很了解王林勇，他是个脾气暴躁、容易冲动的孩子。我担心他一旦发现真的有人偷了他的东西，他们之间会产生矛盾，那样情况就更加复杂了。上课铃响了，学生们都正常去上课了，我才打开监控回放，仔细查看这个时间段教室内的"蛛丝马迹"。

监控清晰地告诉了我，耳机是被他的同桌王一涵"拿"走的。大课间跑操时，王一涵因为脚踝扭伤请假在教室休息。就是在这个时间段，他趁教室没人，顺手"牵"走了同桌的耳机。下课后王林勇很急切地又一次跑来办公室问我查看监控的结果，我"笑着"告诉他："监控时间比较长，需要一点点慢慢查看，等有了结果我告诉你。"

王林勇看到我笑得比较诡异，就好奇地问我："老师，你是不是已经知道是谁偷的了？"

"真的不知道，我只是觉得你的耳机丢得比较蹊跷。"我继续施以心里有底的"迷之微笑"。

王林勇已经从我的表情中读出了结果。"好来，老师我明白了，只要能找到就好。"

但是我的内心却久久不能平静。我一直在琢磨两个问题。一是王一涵同学家境本就不错，家庭教育也很好，父母的素养也挺高。那么，他为什么还要"拿"同学的东西呢？二是我能用什么好的方式化解这个事？既能为王林勇"圆"了这个事，又能"保护"犯了错误的王一涵。

学生吃午饭时我等到了机会，因为脚伤，王一涵不方便去食堂，让同学帮他买饭在教室吃。教室里只有王一涵自己，我走进教室坐在了他的旁边，他略显紧张和拘束。

"老师,有事吗?"

"王林勇说他的耳机找不到了,大课间跑操的时候丢的。这段时间就你在教室里,你有没有看到其他班的同学来咱们班?"我开门见山,直奔主题,我不想留给他太多思考的机会,因为人的瞬间反应才是最真实的。

"嗯……好像没有别人进来。"

"对,老师查看了监控,大课间的时候教室里就你一个人在,确实没有别人进来。而且我也看到了王林勇的耳机是谁拿走的。你看到了吗?"他低垂着头,双手不停地搓着指头,沉默了好一会儿。

"老师,耳机是我拿的,对不起。"他怯生生地说。

"你完全可以自己买一个,为什么要拿同学的耳机?"

"王林勇总是拿着他新买的耳机在班里显摆,每天对我说好几次多少多少钱,音质怎么怎么好。我很反感,也很嫉妒他,就想给他扔了。"说话时,他的语气给人一种"小委屈"的感觉。

"你扔了?"

"扔了!"

"扔哪儿了?"

"厕所门外废品回收箱。"

我带着王一涵一起去扒拉废品回收箱,庆幸的是耳机还在。我告诉王一涵关于"拿"同学耳机的事不要对其他同学声张,更不要告诉王林勇是你"拿"走的,这件事我会处理好的。

同学们吃完午饭回来后,王林勇又跑来办公室问我。看到我办公桌上的耳机时,他感到既惊讶又惊喜,问我耳机是怎么找到的。

我告诉他:"大课间我去教室的时候发现你的耳机在桌洞边沿上放着,你的座位在后门口位置,我担心被别人顺手拿走,所以就替你收起来了。"

"啊,老师我明白了,怪不得我说丢了耳机的时候,您一直在笑,原来是您藏起来吓唬我的呀。"我把耳机还给了王林勇,并且告知他不要再把贵重的东西带到学校来。

事后,我和王一涵长谈了一次。我说:"这次老师给你做了掩护,才没有让事情变得更加糟糕，我不希望以后再有类似的事情发生。不管你出于什么原因，这种行为就是偷盗。偷别人东西，不是小事，不管你偷了什么，在哪儿偷的，都是不对的。如果你不能及时认识到问题的严重性，不能清楚认识到你的错误所在，以后定会酿成大错。到那时候谁也不会给你打掩护，也没有人能保护得了你，更不会有人原谅你，而法律会给你公正地解决。"他哭了，反复说着"李老师，真的对不起！"以后的时间，王一涵一直比较遵规守纪，没再做过类似这样一时糊涂的傻事。

高三行将毕业时，我又单独与王一涵深聊了一次。我问他，是否应该给王林勇道个歉？他说应该道个歉，我单独与王一涵和王林勇见了面，给王林勇说出了保守近一年的秘密，王一涵很真诚地赔了礼、道了歉。也许是因为时间过去得比较久远，王林勇也没有了当初那样的冲动和愤怒，他选择了原谅，两人轻轻拥抱，彼此拍了拍对方。一件事情，牵扯两个大男孩，一人从原谅中学会了成熟，一人从错误中收获了成长。

高中的学生，虽说在心智方面比较成熟，但在对人生"三观"的认识和是非的判断上仍然存在一定的缺陷和不足。出现这种事件，虽说是偶然，但也有一定的必然因素。家庭教育、个人品行、生活环境、社会接触等，都会或多或少地对学生行为产生一定的影响。作为班主任，我们在这类问题的处理上应该更多考虑解决问题的方法和途径，思考怎样引导教育学生，而不是怎样去处罚学生。靠近学生，走进内心，用亲切换取学生的亲近，用信任赢得学生的信任。暴风骤雨式的责备、训斥很可能适得其反。

从内心讲，有偷窃行为的学生，本来就缺乏安全感、归属感和满足感，缺少自尊和自爱，缺少被认可和被重视，如果老师再施以语言暴力，甚至是歧视，学生极有可能就此一蹶不振，自暴自弃，严重叛逆。把大题做小，小事化了，用宽容给学生一个知错改错的机会和空间，容孩子认识和纠正错误，我们的教育才能体现出温度和价值。

小题大做　细节育人

——做一个"爱管闲事"的班主任

小题大做,意思是指拿小题目做大文章,比喻把小事当作大事来处理,有故意夸张的意思。

学生在校一日,会出现各种各样的问题。有的问题很不起眼,不值得一提,甚至引不起任何人的注意和警惕。而且有的班主任对学生的一些小问题根本就不看在眼里、不放到心上,总是抱有一种无所谓和差不多的心态。然而,很多在别人看来无所谓的"小事情",我都会及时捕捉,当作"大事情"来看待,即"小题大做"。

新学期开学时,学校在教室后面安装了一组储物柜。按照班级人数,每名学生分得一个单格小柜。为保障储物柜的合理、规范使用,我打印了学生名签,准备粘贴在柜门上,将每一个单格小柜责任到人。粘贴名签时,有一名学生将自己的名签粘歪了,而且他做事的态度比较随意。

我说:"武宇星,你的名签粘歪了,你揭下来重新粘一下。"

"老师,不用了,这样就行啊! 能看清楚是我的名字就行。"

他和我说话时面带不屑一顾的笑容,一副无所谓的样子。同学们都忙着粘贴各自的名签,有的同学注意到了我俩的对话,也有的同学根本没在意我和武宇星的对话。我想这样是绝对不行的,我便让同学们停止了粘贴,回到各自座位上。

我说:"今天暂时不粘名签了,我们召开一次临时性微主题班会,班会的主题就叫'这样到底行不行'。"

同学们的表情大都比较惊异,且心存些许不满和疑惑。觉得为这样一件小事召开班会,至于吗? 我郑重地把刚才粘贴名签的事情又完整地讲述了一遍,然后把问题抛给同学们。"这样到底行不行？请同学们各抒己见，谈谈自己的看法。"同学们面面相觑，干瞪眼不说话。

"我看大家都不说话，是不是觉得这件事无可厚非，这样做也是可以的，对吗？难道是我过于较真，大惊小怪了吗？"

看到我一副认真的样子，学生的态度稍微有了一点转变，表情较之前严肃了，他们意识到了我对这个问题的认真程度。

我与班长确认了一下眼神，班长瞬间明白我的意思，于是我先点了班长的名。"班长，你先说说你是怎么看的？"

我的班长是个很明事理的孩子，在平时的工作中，我俩的配合几乎是"天衣无缝"，无须多言，一个眼神就能明白彼此的想法，她很清楚我叫她谈谈看法的用意。

班长表达了自己的见解："说实话，一开始我确实觉得这不是什么大事儿，不就是粘歪了名签嘛，又不是看不清名字，没必要上纲上线。可是细细一想，我觉得这真的不是一个小问题。如果我们在平时的学习生活中不注意自己的细节，忽视这样的小问题，久而久之，习惯成自然，小问题可能会变成大问题，小习惯可能会变成恶习。在以后的学习生活中我们要注意这样的细节问题，以自己最认真的态度尽力做好每一件事。"

班长的发言给这件事情定了调子，是正能量的引导。随后，同学们纷纷发表自己的看法，主导方向都集中在了"勿以恶小而为之，勿以善小而不为"这个点上。在所有同学的注视下，武宇星同学重新粘贴了储物柜上的名签。

诸如此类的"小事情"在班级工作中有很多。比如，黑板擦过了但不干净，垃圾倒完了但垃圾桶依然恶臭，地面扫过了但还是有纸片，讲桌擦过了却仍然不干净，等等。如果班主任都觉得"这样可以"而不及时纠正的话，那么学生就会我行我素、得寸进尺。这种习惯于满足现状的思想也会慢慢扩散到学习生活当中，影响学生良好学习习惯和生活习惯的培养。因为，低标准的要求是教不出高素质的学生的。

我说："同学们，今天的事情确实很小，小到看似不值得一提。但是，大家要记得，任何微不足道的小事，在经过量变的积累达到一定程度后，必定会引起质的变化。"

把每一件小事做好，既是每个人为人处世的正确态度，也是一个好习惯养成的积累过程。我们无论做什么事情，要么不做，要做就要把它做好，做出个样儿来，不能说做到最好，最起码也要做到更好。很多工作我们辛辛苦苦地做了，付出了劳动，花费了时间，劳动成果却依然受到批评甚至是惩罚，这是为什么？原因就是我们做工作不用心、不认真、不细致，只满足于把工作完成，至于做得怎么样，结果好不好，没有自我标准，不求更高质量。

"一屋不扫，何以扫天下。"我告诉同学们："无论同学们有多少远大抱负和目标追求，老师只希望同学们从今天开始先学会从细微处着手，做好身边小事情，再谈论自己的宏伟目标和远大理想。"

教育无小事，事事皆育人。类似于这样的"小问题"在班级日常工作中几乎天天发生，只是我们看不在眼里而一个个错过了。出现在学生身上的每一个"大问题"，都是因为没有及时纠正曾经多次出现的这些"小问题"而一点点积攒成"大问题"的。每一个"大问题"的处理和纠正其实都比较棘手，如果我们班主任在平常的工作中多一些"婆婆妈妈"，多一些"爱管闲事"，把"小问题"当成"大问题"对待，让认真成为一种习惯，细心发现并利用好每一个教育细节，以小见大，小题大做，适时点拨，巧妙育人，于绵绵细雨中润泽心灵，于润物无声中教化育人，从每一件平凡的小事中体味教育的价值真谛。

"大题小做"与"小题大做"是辩证统一的，它们的共同意义就在于用心捕捉每一个教育契机，巧妙运用每一种教育手段，深刻透视每一个问题本质，深度挖掘每一次教育资源，以问题的解决与纠正触及学生心灵，给学生以正确引导，帮助学生正言行、塑灵魂。

找准原因　解决问题

——做一个会"诊疗"的班主任

班集体是学生人生成长中需要融入并要尽快适应的第一个群体性组织。年龄阶段不同,学生所处的群居环境也不尽相同。在不同的年龄段和不同的群居环境中,学生的学习习惯、生活习惯、心理变化和人际交往方式等都会有一定差异。

在一个有着几十名未成年人的班集体中,学生每天出现各种问题是很常见的。如果一个班级平静的如一汪湖水,泛不起任何涟漪,那才是真正的可怕。我们有些班主任,尤其是年轻班主任,当学生出现这样或那样问题的时候,自己首先慌了神,不知所措,往往施以简单粗暴的办法来解决问题。貌似问题得到了解决,其实问题只是被暂时压了下去而已,并没有得到真正解决。这就好比给自己埋下了一个个"地雷",在以后的班级工作中一旦不小心踩上哪颗"地雷",就会引起爆炸。所以,有的班主任每天看似忙得"热火朝天",班里"一派繁荣景象",却解决不了实际问题。久而久之,班主任就会觉得自己的工作怎么每天都在重复"昨天的故事"。究其原因,主要是因为解决问题的思路不对,方法不得当,最关键的是没有"找准病因"。开出的"药方"不对症,只治标、不治本,不能去除"病根"。如果找不准学生出现问题的关键原因,问题得不到根本性解决,我们班主任也就只能"拿着旧船票"不断重复"昨天的故事",使学生很"疲沓",自己很"疲惫",班级管理很"疲软"。

韩朵是我班一名比较有个性的女生,生活在单亲家庭,跟母亲一起生活。韩朵性格比较内向,不善言辞,不太讲究卫生,不怎么与同学交流,喜欢独来独往。但她有一个优点,对待班级工作非常认真,很注重维护班级形象和班级荣誉。只要是班级活动,无论自己能力水平怎样,她都会积极报名参与。比如运动会等集体活动,她总会第一个报名参加;扫地擦地板,她会蹲在地上把地板缝擦拭得干干净净。然而,就是这样一名个性优点都很突出的同学,有一段时间却是问题频出,而且不断反复。

那是高三第一学期,开学大约两个星期的时间,韩朵出现了上学迟到的现象。从高一到高二,两年多的时间,她几乎没有迟到过,我觉得偶尔的一次迟到也算正常,所以就没太放心上,更没有引起我的重点关注。

我问她:"今天怎么突然迟到了? 家里有事吗?"

她说:"老师没事,是因为修路,我不知道公交车改了路线。"

我觉得她告诉我的理由很正当,因为修路致使公交车改路线的事也经常发生。所以,我只是简单告诫韩朵以后多加注意,尽量不要迟到,然后就让她进教室正常早读上课了。说实话这次迟到确实没有引起我的注意,甚至很快就淡忘了。不过,之后出现的一系列迟到现象,让我确定了韩朵之前对于迟到的解释其实是在撒谎。那次之后,她几乎每周都能迟到 2~3 次,而且每次对于迟到原因的解释也几乎都是"正当"的。闹钟没响、坐错车了、晚上学习太晚、我妈早上没叫我、忘了作业又回去取了、昨晚住我姨家对公交车路线不熟悉……除此之外,任课老师也不断反映韩朵上课的状态很不好,时常出现上课睡觉,眼神呆滞的现象。而且作业完成质量也不太好,甚至有时不交作业。这些现象之前在韩朵身上是很少出现的,更别说这样集中爆发了,我意识到了问题的严重性。

我无法确定韩朵迟到的具体原因是什么,但我可以肯定的是她遇到了问题。她的自尊心很强,好面子,所以我没有当着全班同学的面批评她。午休的时候,我把她叫到了办公室。我并没有批评或训斥她,只是如实地告诉她任课老师对她上课状态的关注和反馈,问她最近作业完成不好以及迟到的原因。她告诉我,因为家里的一些琐事,最近和家长闹了别扭,情绪不好,不想学习。我问她什么样的琐事,能不能给老师说说。她低头不语,我觉得可能牵扯家庭隐私,也就没再追问。从学校规章到班级管理,从文明礼仪到尊重学习,从家长期待到老师要求,我"夸夸其谈",与韩朵交流了半个多小时。她开心地笑了,脸上的表情轻松了许多。"老师,我回教室了,谢谢您!"看着她放松下来开心的样子,我心里释然了许多,觉得问题应该得到了很好的解决。

就这样,大约两个多星期的时间,韩朵好像又找到了原来的状态。到校很早,上课不再打盹,作业完成也很及时,虽说偶尔还有一些反复,但之前出现的那些"症状"几乎都消失了。我庆幸上次的交谈有了效果,猜测韩朵的家庭琐事可能已经过去,也为她及时的转变感到高兴。但是,让我始料未及的是,两个多星期之后的一天早上,韩朵没有按时到校。起初我以为是她生病了,但是家长没有给我打电话请假,我查看了 QQ 群和短信后,也没有看到家长请假的信息。曾经开家长会时我对家长做过严格要求,出于安全考虑,如果孩子生病或有事而不能到校上课时,家长务必第一时间向班主任请假。这次韩朵没有按时到校,也没有家长的请假信息,我预感事情不妙。

我给她母亲打去了电话,问她母亲韩朵到现在还没有来上学,是生病了还是家里有事。她母亲很惊讶地说:"啊!老师,不对啊,韩朵早上和平时一样按正常时间出门去学校了呀,怎么没到校呢?"我告诉她母亲,孩子确实没有来上学。我能明显地听出来她母亲焦急不安的语气。我问她母亲是不是与孩子闹别扭了,她支支吾吾地说:"昨天晚上我娘俩因为家庭琐事吵架了,今天早晨我叫她起床时她说不想去上学,我又打了她两巴掌,她气呼呼地背着书包就出门了。我以为她去学校了,没想到她没到学校。这能去哪儿呢,都怪我太冲动。"她母亲说着说着就哭了。我说:"现在紧要的是要找到孩子,你要尽快冷静下来,仔细想一想孩子有可能会去哪里,然后发动家人赶快找一找。"挂了电话,我又找到班长和其他女生了解情况,问他们这两天韩朵有没有什么反常的表现,或者说过什么过激的话。同学们都表示,韩朵性格比较孤僻,平时不喜欢与同学们交往,有什么心事也不和同学们说,没有看出她有什么反常的表现,只是觉得最近这两天她比之前更加闷闷不乐,好像有什么心事一样。

上午十一点多,家长打来电话,说找到孩子并一起回家了。我如释重负,紧张的神经终于可以放松下来了。但我在想,从上学迟到到上课睡觉、不完成作业,再到离家出走,韩朵最近出现的这一系列问题绝非偶然,绝不是她和家长说的"家庭琐事"那么简单,这些问题的背后一定隐藏着更深层次的原因。现在看来,之前的谈话教育其实根本没有解决任何问题,而且问题越来越严重。究其缘由,是因为没有真正找到韩朵这些问题产生的深层次"病因",所以没能真正去除问题的"病根",之前的谈话教育只是治了标,没有治本。

我决定对韩朵进行一次实地家访,尝试通过家访找寻这些问题产生的真正"病因"。在与她母亲交流时,韩朵并没有回避,而是低头坐在她母亲旁边的椅子上。因为没有别人在场,她母亲也没有刻意隐瞒,告诉了我"家庭琐事"的事实真相。

她说:"李老师,不怕你笑话,我和她爸爸在孩子5岁的时候就离婚了。离婚是因为她爸爸背叛了婚姻,离婚后她爸爸就离开了这个家和别人结婚了。"

"哦,对不起,这些事情韩朵未曾对我说起过,我还真不知道。"

"韩朵这个孩子从小一直是我带大的,生活中缺少父爱,所以性格倔强、要强,不善言辞,但是她的品行还是挺好的。"

接过她母亲的话,我对韩朵在学校和班级优秀的表现略带夸张地表扬了一番,肯定了她对班级所做的诸多贡献。然后我问:"你和孩子都说因为家庭琐事,孩子最近才出现了一系列问题,我想知道到底是什么琐事,以至于对孩子产生这么大影响。方便给我说吗?"

"哎,也没啥不能说的,其实都怪我。"她母亲长长地叹了一口气。

"和她爸爸离婚时,她爸爸曾经承诺等孩子年满十八岁时给孩子买一套房子。现在孩子已经十八岁了,我跟她爸爸好几次提出买房子的事,他总是以各种理由应付我。无奈之下,每天下午放学后,我就让孩子去他爸爸家跟他闹,跟他要房子。一开始他对孩子还承诺一定买,后来都不让孩子进家门了。"

听到这里,我终于明白了娘俩所说的"家庭琐事"是什么事。原来韩朵最近出现一系列问题的原因在这里。

我问韩朵:"你还想继续去和你爸爸要房子吗?"

"老师,我一开始就不想去,我妈妈非得让我去……所以,每天放了学,我都不敢回家,在外面闲逛很久,直到很晚了才回家,我很害怕回家后我妈再逼我去找我爸要房子。"

当着韩朵的面,我给她母亲提出了要求。我说孩子现在是高三,是人生最关键、最困难、最需要帮助、最需要温暖的阶段。这个时候应该把全部精力都放在学习上,经不起半点的干扰和折腾。不管你们有什么样的家庭纠葛,都不应该把孩子搅和在里面,也不能以孩子的前途命运为代价。房子也好,还是其他承诺也好,等到孩子高考结束,或者参加工作后再去厘清你们的家庭矛盾也不算迟。同时,希望母亲在孩子这个特殊阶段给予孩子更多帮助、更多理解和更多包容,帮助韩朵尽快从这次事件中走出来,把全部精力都投入紧张的学习中,调整状态、放松心情,以积极向上的心态面对即将到来的高考。

与韩朵母亲沟通交流后,她也意识到了自己的心态有点偏激,完全没有顾及孩子的感受。她承诺,在孩子高三最关键的这几个月,一定不会再给孩子增加额外负担和精神压力,干扰孩子学习,分散孩子注意力。

此后的学习生活中,韩朵的心态逐渐有了好的转变。她表现得阳光向上、乐观积极,曾经缠绕在她身上的那些问题没有再出现。所以我想,作为班主任,我们经常会遇到学生反复出现问题,纵使我们使出百般武艺,想了很多办法,问题依然得不到有效解决,甚至有些问题愈演愈烈。究其原因,就是我们没有找到问题产生的真正原因,没有找到解决问题的正确办法,找不准"病因",除不去"病根",只是一遍遍简单重复着无效的工作方法,却没有任何教育转化的实质效果。其实,作为班主任,我们发现学生身上存在的问题并不是很难,只需要平时的细心和敏锐,难的是我们如何用正确的方法去解决我们发现的问题,这才是关键,这就需要智慧和能力。

一封情书　因势利导

——做一个"无情"的班主任

　　早恋现象，在学生进入青春期后的中学阶段，尤其是高中阶段比较常见。中学生如果出现早恋问题，作为家长和老师都很难对其进行合适的教育和引导。说浅了不管用，说深了不好把控，家长和老师"跟踪"式的严防死守就更危险了。一旦他们从"地上"转入"地下"，"潜伏"起来"打游击战"，那就更不好把控了，进而可能会带来一系列不良后果。所以，中学生的早恋问题，是一个非常棘手的教育管理问题，几乎令所有家长和班主任头疼。

　　进入青春期的学生出现早恋，这是难免的，也是正常的自然发展规律，不是多么十恶不赦的事。作为班主任，我们要做的就是用正确有效的方法去引导和疏导他们，而不应该采取过激的行为进行"围追堵截"或"穷追猛打"，更不可因此对孩子表现出冷漠与失望，甚至是抛弃的态度。

　　高元龙与李小丹是我中途接这个班时首先了解到的两个"赫赫有名"的早恋同学。因为原班主任的述说，我对他俩的"事迹"有了一定的了解，也做了充分的思想准备。然而，真正接过这个班，看到他俩旁若无人的交往方式和交往行为时，着实让我惊讶不已，用一句时髦的话说，这"彻底颠覆了我的三观"。也许是前班主任和家长对他们进行了太多的谈话与教育，我与他们的第一次谈话显得很是苍白。他俩表现出一副满不在乎的无所谓姿态。第一次的谈话无济于事，无果而终，与他俩的交锋我完败而归，显得有点狼狈。

　　几天后的一次事件，让我觉得不能再这样放任自流了，决定与他俩进行第二次交锋。

　　我问他俩："你们俩的事家长知道吗？"

　　"知道啊！齐××已经给他们告了好多次状了，无所谓！"男生高元龙说话时抖动着一条腿,女生则侧脸看着窗外,两个人的态度极为傲慢。

"那,你们家长都同意吗?"我用略带好奇的语气继续询问。

"这个不知道。老师,再说了,我们俩的事与他们同意不同意有关系吗?"男生的傲慢让我有点惊讶。

"而且,我们都已经年满18岁了,已经具备独立的民事行为能力了,可以自主决定自己的事情了吧? 为什么必须要考虑他们同意不同意呢?"男生继续说:"我们已经成熟了,而且我们知道什么时候做什么事,我们会彼此负责的。"

听着他俩带有很强社会化和法律化的"高谈阔论",我并没有生气,我想也不能生气。面对这样的学生,生气和发火是解决不了任何问题的,只会让事情变得更加糟糕,甚至不可收场。但我瞬间抓住了男生说的三句话:"我们已经成熟了""我们知道什么时候做什么事""我们会彼此负责"。

连环炮似的发表完自己的观点后,他俩不再说话,表现出一副更加自傲和略带沾沾自喜的神情动作。

我说:"很好,我很欣赏高元龙刚才说的三句话。'我们已经成熟了''我们知道什么时候做什么事''我们会彼此负责'。这三句话掷地有声,是你们对自我的一个认知和认可。但是据老师观察发现,你说的这三句话,你们俩都没有做好,也可以说根本就没有做到。"

听到我这么说,一直侧脸看着窗外的女生回过了脸,他俩"怒目圆睁",以一种极为敌视的眼神看着我,表现出一副完全不服的神情姿态。

"你俩不用这样看着我,先听听我的观点和见解。如果你俩觉得有道理,咱们可以继续往下交流;如果你俩觉得我是'歪理邪说'或'强词夺理'的话,此事就此了结,以后我绝不会再提起你俩的事,也不再干涉你们交往。"

他俩像看到了久违的曙光一样两眼放光。"老师,你说的是真的?"高元龙反问我。语气中透着必胜的信心,表情是那样的自信又略带点轻蔑。

"绝无戏言。"我坚定了我的语气。"但我有个条件,如果你俩认同认服我说的话,那么,以后你俩得听我的,行不行?"

"可以,老师!"他俩略加思索后答应了我的条件。

可能他俩觉得我也说不出什么道道来,因为在这件事上,他俩始终是以"胜利者"自居。因为在他们的记忆里已经有太多让老师尴尬无助的过往,所以他俩对我这个"新对手"压根就没放在眼里,尤其是在第一次谈话"战胜"了我之后,他俩表现得更加狂妄、更加自信。

这又是一场交锋,我深知这次交锋的重要性。如果这次再"失利",要想在以后的工作中改变这两个"迷途"中的孩子,那就更加困难了。这次交锋,我对结局的设定是没有平局的,更没有败局,我必须要获胜。

他俩既然答应了我的条件,我就不想再给他俩太多反悔的机会。我直入主题,先抓高元龙的第一句话"我们已经成熟了"。

"你说你俩已经成熟了,对你的观点我只认可一半。从年龄上说,你俩已年满十八岁,确实已经是成人,也已成熟。但从你俩的行为习惯来看,你们依然还很幼稚,与其他高中生没有多大区别。青涩的麦穗总是高昂头颅且带着刺儿,只有成熟的麦穗才会低下头。人也是这样的,咱们三个人交流了这么长时间,你俩表现出来的始终是一副趾高气扬、满不在乎和目中无人的高傲姿态,连最起码尊重老师的礼貌都没有。而且你直呼你原班主任齐老师的名字,称呼你父母为'他们',这样的称呼让我听着都很刺耳。如果你称呼一声'齐老师''我爸、我妈',是不是更柔软一些,更有礼貌一些。其实这些都是因为你们还未成熟才导致不知道应该尊重师长,不懂得怎样尊重师长。作为一名高中学生,连最基本的尊重都做不到,你有什么资格说'已经成熟了'。作为一名十八岁的成年人,你不懂得俯首倾听,低头认知,你还谈什么'已经成熟',简直就是笑话。所以,你说'我们已经成熟了',我真是不敢苟同,恐怕连你们自己都认为说这句话纯粹是为了壮胆吧。"高元龙和李小丹彼此偷偷瞟了对方一眼,都没有说话,刚才那傲慢倔强、不可一世的神态稍微有了些许舒缓。

可能是我的质问让他俩始料未及,我能很明显地感觉到他俩从表情到内心的变化。趁热打铁,我接着批判高元龙的第二句话。"你说你们知道什么时候该做什么事,我觉得你俩还真是太高估了自己。俞敏洪说,在对的时间做对的事。你俩现在是高中生,高中三年什么最重要,应该做什么不应该做什么,你俩都很清楚。但是,因为你俩的执迷不悟、掩耳盗铃和自欺欺人,你们不仅荒废了学业,甚至可以说是在放弃学业,丢失目标,迷失方向,抛弃了信念和理想,把精力放在了谈恋爱上。我把你俩的学习成绩进行了一个比较，你俩的学习成绩在全年级分别都下滑了三十多个位次。这是怎么造成的，你们心里很清楚，我不想多说。你俩颠倒主次，将谈恋爱当作主业，忘记了高中三年的主要任务，忘记了学习的目标，还在这里大言不惭地给我大谈特谈'知道什么时候做什么事'，你这不是胡言乱语是什么？你俩就不为自己感到脸红和羞耻吗？"

我接着说："就目前你俩的行为方式和行为习惯来看，你俩没有资格说这句话。都到这个时候了，你俩还不知道该干什么，那我今天就告诉你俩该做什么事，该收敛什么事，希望你俩能够醒悟。"

不给他俩任何喘息的机会，我接着批判他俩的第三个歪理"我们会彼此负责"。我同样先摆明自己的观点，然后开始批判。"因为早恋，你俩耽误了学习，浪费了时间，虚度了青春好年华。你们这是在彼此伤害自己和对方，相互给对方挖坑。高中三年是人生中最该奋斗的三年，课业负担很重，学习压力很大，'三观'初步形成。这三年理应是你们相互帮助，相互学习，为实现自己的理想目标刻苦努力的三年。然而你们却放任自我，随性自由，对老师的劝诫和教育你们油盐不进，拒之千里而不予理睬；对家长的苦口婆心，你们装聋作哑，叛逆反感。当有朝一日你们醒悟过来的时候，再后悔就已经晚了，也没有机会弥补了。"

"你们的行为首先是对自己不负责，对自己的前途命运不负责，更是对双方的不负责。主次不分，你俩还有什么资格说'对彼此负责'。如果你俩真的要对彼此负责，那就把脚下的路拐回到正道上来，纵向比比与曾经的自己有多大的差距，横向比比与同学们有多大的差距，然后相互鼓励，加倍努力，跟上班级节奏，这才是对自己负责，是对彼此负责。"

"该说的我都说完了，话题再回到前面。如果你俩能认服我说的话，那老师就给你俩说说以后怎么办；如果觉得我说的没用，那我们就此收尾，你俩依然可以'我行我素'，老师绝不再干扰你俩。"我给他俩下了最后"通牒"。说话时我尽量表现出对他俩的期盼和着急，让他俩切实感受到这个班主任的不同之处，从内心深处体会到班主任对他们的关心和真心。

傲慢的李小丹用手捂住了脸，哭了。我抽了几张办公桌上的面巾纸递给她,她接过面巾纸,破天荒地给我说了声"谢谢老师!"这是我第一次从李小丹口中听到感谢老师的话。倔强的男生也站直了原本歪着的身体,停止了那条抖动的腿,低下了他那高昂的头颅。

我斜了斜身子,半背对着他俩,不再说话,也不再看他俩一眼,装出一副很是失望和怒其不争的神情。任凭女生李小丹尽情地哭泣、尽情地释放,也许是长久的压抑,也许是对傲慢的愧疚,5分钟的时间,办公室内除了李小丹的哭泣声没有其他声响,空气好像凝固了一般。

待李小丹稍微平静后,我转过了身子,面向他俩。此时此刻,李小丹也慢慢停止了哭泣并首先开了口。

李小丹说:"李老师,说实话我们一开始也很害怕被老师和家长发现,所以我们尽量隐蔽。但后来还是被发现了,我们迎来的都是劈头盖脸的谩骂和训斥。到今天为止,您是第一个这样坐下来给我们推心置腹讲这些道理和这样说我们的老师。我们知道这样做是不对的,但是不知道为什么,我爸我妈还有齐老师他们越是说我们,我俩就越想报复他们,越是变本加厉地犯错,和他们对着干。"女生的这一段表述,让我感觉他俩内心的那个结在慢慢打开,这让我看到了曙光,很是欣慰。

"李老师,我能感觉到您是真心对我们好,我们听您的。只要我们能做到的,我们一定尽力去做。"高元龙表了态。

"嗯嗯,李老师,我们听您的。"抽泣的李小丹也表了态。

我说:"其实我要说的也没什么难的。我觉得硬生生把你俩分开也不太现实。我的想法是你俩可以彼此写一封信,就叫《一封情书》吧。把你们彼此想对对方说的话,想表达的情感,自己对未来的打算,要奋斗的目标,对彼此的期待等都写进这封信里面,然后密封,交换保存。等到高考结束或接到大学录取通知书时,你们再打开这封信,看看对方写的什么,那必定会成为一生的记忆,也必定会成为一次难忘的浪漫。到那时,阅那信,如果你们依然彼此珍爱,那就携手继续前行;如果时过境迁,理想目标已不同,那就互道珍重,彼此祝福。"

"但是,从现在写好这封信开始,你俩要学会自我克制,学会彼此尊重,学会放手,搁置爱情。除了学习,互不干扰,就像与班里其他同学一样正常交往,把所有精力都调整到学习上来。在以后的学习生活中,如果有什么困难或者心事,随时可以与老师交流,找老师倾诉,我与你们做挚友,我为你们而倾听。我已真诚信任你们俩,只期待能得到你俩对我的信任和接纳,我愿做你们俩心路历程的陪伴者。"

谈话大约进行了两个小时,他俩离开时我如释重负,又不免担心。一天、两天,一周、两周,一月、两月……两个人在不断改变,感情也在一点点释然。在拐回正途的历程中两人学习稳步提升,心智也在一点点成熟。高三时他俩双双递交了入团申请书,高中毕业前,其中一人还顺利地加入了团组织。

学生早恋如洪水,作为家长和老师,我们只能疏、不能堵。如果堵不住,一旦决堤,就会失控。其实早恋本身并不可怕,可怕的是我们作为家长和老师的过激反应和围追堵截式的干扰与阻挠。很多家长在对待孩子早恋问题时往往给孩子讲大道理,或者用谩骂、讽刺等方式走向另一个极端,甚至是限制孩子的人身自由。这样的做法不但不利于问题的解决,反而会激起孩子的叛逆情绪。我们能管束孩子的身体,但不可能约束他们的思想。所以,解决孩子的早恋问题,还需要从思想和心理上进行深度沟通和疏导,引流泄洪,才是安全有效的教育方法。

借力使力　引导学生
——做一个会"表扬"的班主任

有的学生虽说"百病缠身"，但也并非一无是处。只要我们有一双善于发现的眼睛，随时发现学生身上的优点，不吝啬必要的赏识，"问题"学生转化成优等生也不是太难的事情。但在很多老师眼中，"问题"学生只有问题，没有多少优点可言，尤其是班主任老师，总喜欢盯着学生的问题不放，而忽略了他们身上的小优点。尤其对于班里那几名"重点人员"，班主任总会给予"特殊"照顾，每天担惊受怕，唯恐这些学生再整出什么事。

在"问题"学生的转化上，作为班主任，我觉得我们很有必要学学《士兵突击》中许三多"不抛弃，不放弃"的精神。只是在教育转化的方式方法上，我们不能眉毛胡子一把抓，不分青红皂白而千篇一律，而要尝试具体问题具体分析，进行因材施教的教育转化。

中途接这个班时已是高二，因为原班主任和学生关系恶化，班主任对班级的管理基本处于失控状态。我刚送完高三毕业班，领导就找我谈话，希望我接手这个班级。虽然不在一个年级，但是鉴于这个班在全校的"名声"，我对这个班级的状况多少还是有一些了解的。所以，我起初并没有同意接手这个"烫手的山芋"。

之前连续的中途接班后所经历的是非与坎坷，已经给我思想上和精神上造成了一定的压力和影响，甚至有了些许抵触情绪。因为中途接班时，同学们无论与原班主任有过多少交恶，有多么不喜欢，他们总会拿原班主任的优点对比现班主任的缺点。所以，中途接班，总有一种当"后妈"的滋味和感觉。

在领导"软硬兼施和恩威并重"的双管齐下后，我还是乖乖地选择了无条件服从，再一次扮演"后妈"的角色。为了提前做足、做好准备工作，更深入地了解这个班级的实际情况,在与学生正式见面之前,我先后三次找到年级主任和原班主任,向他们打探班情,求索"真经"。当我听到他们有针对性的重点介绍后,我的热情和信心真的是跌到了谷底,悔恨当初自己意志的不坚定,懊恼没有坚持自己的主见而选择了接受。据政教处备案记录,当时全校有7名同学因各种严重违纪受到校规校纪处分,而这个班就占了5人。说实话,在决定接手这个班时,我有比较充分的心理调整和思想准备的,但是这样的心理落差确实让我没有预料到。从此刻开始,我才算是比较清醒地认识到了我所要面对的困难和面临的任务,也真正感受到了危机与考验。

已经答应接手,那就既来之则安之吧,即便是狂风是骤雨,也只能选择风雨兼程。我再三劝慰自己,没有过不去的坎,没有翻不过的山,兵来将挡,水来土掩。调整好自己的情绪,做足了思想上的准备,我选择了迎难而上。也许是初次见面还不太熟悉,抑或是学生对我这个"后妈"的脾气性格多少有所耳闻而心有忌惮。最初的一段时间,班级总体还算稳定,没有出现预想中"上房揭瓦"的激烈场景,只是偶尔有个别同学探头探脑试探性地发起一些零星的挑战,但终究刮不起狂风,掀不起巨浪。

"射人先射马,擒贼先擒王。"经过一段时间磨合后,我决定主动出击,先对年级主任和原班主任眼里的那个"凶猛的老大"姜旭发起"进攻"。在基本了解了他的情况后,我开始有侧重地关注他。

姜旭是一名性格很独特的男生。他为人豪爽仗义,讲义气,但不善于主动与同学交往,平时与别人总会保持一定距离,喜欢独来独往,我行我素。因为小时候经常被父母打骂,导致他现在的性格很是孤僻和暴躁。他有时自暴自弃,缺乏信任感,经常排斥家长、排斥老师,仇恨心理比较严重。

迫于家长的威严,姜旭所谓的上学其实只是"上而不学",每节课基本上都是趴在桌子上睡觉。任课教师都了解姜旭的基本情况,若是有老师"不识时务"地企图叫醒他或打扰了他的美梦,他会表现得极不耐烦,甚至是公开威胁和辱骂老师。所以,上课时老师们基本都不敢管他,任他不分白天黑夜,睡他个昏天暗地。但是,我想既然接手了这个班,作为这个班的班主任,我就有责任对这个班级的每一名同学负责。不管他是天使还是恶魔,我都有责任对其进行教育,有义务对其付出关爱与真心。对于姜旭这样的"特殊"同学，我觉得我更有责任去尝试改变他，而不能让他继续这样嚣张地肆意妄为，自暴自弃。一开始我先从侧面观察他，关注他的一举一动，记录他的一点一滴。我在寻觅一个机会，一个适合改变他的机会。

这样的机会出现在一次化学课上。上课前，当姜旭看到化学老师拿着笔记本电脑走进教室时，他便从座位上站起来，走到讲台前认真地给老师打开多媒体设备，放下幕布，接通电源和数据线，调试好老师讲课要用的PPT。将一切课前准备工作做好后，他又回到了自己的座位上，趴桌子上继续睡觉。整个过程他都是面无表情，表现得很是冷酷。他没有与化学老师进行任何的交流，只是自顾自地做着手中的工作，就像是一台被推合了电闸后自主运行的冰冷机器一样，一切都是那样的"程序化"。

为了不耽误老师正常上课，我没有"干扰"他。但我找到了机会，很快捕捉到了姜旭身上的优点。回到办公室后，我反复思考应该怎么用好这次难得的机会实施对姜旭的教育转变。太突兀不行，使蛮力不好，我决定"借力使力，隔山打牛"。

第一力——借同学之力，让同学传话。下课后，我把班长和一名与姜旭关系要好的同学叫到了办公室。我问他俩诸如今天这样上课前帮助老师准备多媒体设备的情况，姜旭是因为看到我在教室门口故意做给我看的，还是平时都这样为老师和同学们服务。班长告诉我，姜旭很喜欢电脑，而且计算机水平很高，自己会编程，每节课上课前他都会帮老师准备多媒体设备。我问班长，姜旭为班级做这样的服务大约有多长时间了，班长说从高中入学一开始他就主动要求负责多媒体设备的使用与日常维护。我问班长和那名同学，姜旭这样做，你们感激不感激他。他俩笑了笑说："老师，这是他自己主动要求做的，这有什么好感激的。"

短暂的沉默后，我发表了自己的看法。我说："从高一到现在，不是班主任的安排，没有别人的督促，一千多节课，一千多次如一次，他没有耽误老师使用多媒体，为同学们上课做好服务保障。他不邀功、不请赏，更是毫无怨言，只是默默地为班级做着自己的服务，这让我由衷地对他感到敬佩。"我首先亮明了我的态度。

"他自愿坚持为班级做着这样在其他同学看来很不起眼的工作,这太难能可贵了,我们理应好好感激他才对。我们做一件事并不难,难的是持之以恒地做好一件事。我觉得姜旭是我们身边的榜样,也是我们班的感动人物。他在默默地为班级传递着正能量,我们要学会感激,要学会传递这样的精神,这样的同学我超级喜欢。"当着班长和好友的面,我传递了作为班主任对姜旭的表扬和赞誉。我之所以这样做,是因为我坚信,班长和好友回教室后一定会把我对姜旭的表扬和赞誉传达给他。当他从别人口中得知老师对他的赞誉和表扬后,一定会很高兴。这样传达式表扬对一个人的激励效果要远好于当着学生本人的面进行表扬。

此后的几天我更加仔细地观察姜旭的表现,他依然在每节课前重复着之前的服务工作。令人欣喜的是他在我的政治课上不睡觉了,而且开始"假装"听课了。后来,连续多节课老师们给我的反馈是,姜旭在慢慢改变,上课睡觉少了,偶尔能抬起头听课了。这让我非常高兴,说明之前借同学之力达到了比较好的预期效果。抓住这一可喜的变化,我使出第二力。

第二力——借父母之力,让父母夸赞。我拨通了家长的电话,接电话的是姜旭的母亲。当得知我是姜旭的班主任时,他母亲急切地问我:"老师,姜旭又犯了什么错误?"从电话中明显能听出他母亲紧张焦虑的语气。

我说:"没有犯错,我今天打电话主要是想给您说说姜旭在学校的一些表现,他并没有犯什么错误。"

"哦哦,吓死我了,我还以为他在学校又惹老师生气了呢!"

我把姜旭在学校为老师和班级默默无闻做贡献的事原原本本地给他母亲叙述了一遍,然后向家长表示了感谢。

我说:"姜旭在学校很愿意为班级服务,能有这样好的表现,与你们从小对孩子良好的家庭教育和规范要求是分不开的。作为孩子的班主任,我要特别感谢姜旭,也要特别感谢你们家长,感谢你们给学校输送了这么一个懂事的孩子。"家长没再说话,短暂的沉默后,电话那头突然传来了姜旭母亲失声痛哭的声音。这让我始料未及,有点手足无措。我开始迅速反思刚才说过的话,是不是哪句话说错了，还是因为别的原因，我一时无法搞清楚。我也不知道该怎么劝慰孩子的母亲，因为这哭声来得太突然了。痛哭大约持续了三分钟，电话那头逐渐平静了下来。

"对不起，老师！说实话，俺孩子从小学到现在，十多年时间，这是我接到的唯一一个老师表扬我孩子的电话。谢谢您，老师！"

我说："你不要激动，姜旭这孩子本性是好的，是很善良的，否则他也不会这样坚持为班级做服务，做贡献。作为孩子，他们都渴望得到老师和家长以及同学们的赏识和肯定，只是我们从前忽略了孩子的感受，因而让孩子在内心感觉很委屈，没有动力。姜旭目前的表现虽说有了一些积极的改变，但还需要进一步加强引导和教育，所以，以后的教育过程中我需要你们家长的配合。"

"老师，你说怎么配合，我们家长一定好好配合。"孩子的母亲表现得很积极。

"晚上孩子回家后，您把我今天给您打电话的事告诉孩子，告诉他老师喜欢他，感谢他，并且表扬了他，并传达我对他的殷切期待。"我告诉家长怎么配合。

"好的，老师，我一定按照您说的告诉他。"

挂了电话，我思绪万千。姜旭曾经给我说过两件事，让我记忆很深刻。这两件事也许就是他心里的两个结。第一件事是因为在学校经常犯错误，他父亲无数次打过他，在他的记忆里打断过 13 个马扎凳子，父亲的家暴给他带来的伤害让他难以忘记；第二件事是他曾经有一次违反校规校纪后恳求班主任不要告诉他父亲，他说害怕被父亲暴打，班主任老师答应了他，但后来不知道为什么，班主任还是把他的事儿给家长告了状，结果姜旭又一次遭到了父亲的毒打，他说因为这件事他特别痛恨原班主任。回想起他曾经给我说过的这两件事，我终于明白他的性格如此孤僻和暴烈的原因了。

棍棒式教育也许会让孩子在表面上服从你，但真正从内心让孩子认服，还需要讲道理，以理服人，才是真服。同时，作为老师，我们不要轻易背叛对学生的承诺，否则，换来的就是学生对老师的极度不信任和叛逆。

第二天一早，我在校门口遇到了推着自行车进校园的姜旭，他老远就给我招手。"老师好，我来了！"这是我第一次见他这么早到学校，也是他第一次这么热情高兴地给我打招呼，更是第一次见他笑得那么自信，那么灿烂。我明白，这是"第二力——借父母之力"发挥了作用。此后的时间，我几乎能看到他每天都在发生变化，各科老师对姜旭的评价也是越来越好。

第三力——借家长会之力，让姜旭自救。要开家长会了，我在班里发"家长邀请函"时，姜旭明确表示不用给他邀请函，他家长不可能来参加家长会。我问为什么，他说在他的记忆里，他家长只参加过两次家长会，后来就没再参加过。我劝慰他先把邀请函拿回去给家长，我随后打电话与家长沟通，他有点不太情愿地接过了邀请函。晚上，我给他家长打去了电话，接电话的依然是姜旭的母亲。我给他母亲说，上次我们已经有过一次交流了，这次想和他父亲交流交流。他父亲接过了电话，我问他是否收到了孩子带回去的家长会邀请函，他父亲说收到了，并且表示不来参加家长会。我问他为什么，他说没脸去参加，嫌丢人。经过我再三劝说，并给他汇报了姜旭在学校的表现和转变之后，他父亲最终还是勉强答应来参加家长会。

家长会学生代表经验分享环节，有三名在不同方面有着优秀表现的同学分别做经验分享发言，姜旭是分享者之一。在确定发言人选时，我与各科老师和班长做了深入沟通，大家都觉得让姜旭从自我转变的角度讲讲自己的故事，对他本人和其他同学都会起到自我警醒、自我教育和自我转化的作用。

当我告诉姜旭要在家长会上做经验分享时，他很惊讶，而且表示不想发言。我清楚他内心的顾虑和忐忑，我鼓励他，给他信心，给他加油鼓劲。我告诉他让他做经验分享并不是我自己决定的，是各科老师和班长共同推荐的，他最终还是同意了。

他的分享时间大约五分钟，他讲了从前父亲对他的打骂，讲了老师对他的歧视，讲了同学们对他的孤立，讲了他逃避学习的原因……他也讲了现在班级的变化，讲了我对他的关注和关心，讲了他从心灵深处对自己的认识，讲了他要立志做一个好人和做一名好学生的决心与愿望……讲着讲着，这个大男孩把自己讲哭了。讲完后，他突然走到我面前，单独给我深深地鞠了一躬，说："李老师，谢谢您！"家长们也用最热烈的掌声给了姜旭最大的鼓励。

家长会结束后，有几名家长围在讲桌旁询问孩子的一些具体问题，我看到姜旭的父亲依然坐在孩子的座位上，没有离开。等所有家长都离开后，他父亲走到讲台上突然给了我一个大大的"熊抱"。他说:"李老师,谢谢您,是您救了我的孩子!"然后转过身,仰天流泪,不再说话。我说姜旭的本性很好,本就是个优秀的孩子,只是因为孩子犯错误后我们的教育方法太过简单粗暴,给孩子思想上、心灵上造成了一定的伤害,所以他叛逆不羁,自暴自弃。孩子能有好的转变,关键是他的自我认识提高了,自我要求更严了,还有就是你们家长教育方式的转变和对学校工作的配合,也在很大程度上对孩子产生了积极影响,我更应该感谢你们家长。他含泪笑了,再次握了我的手,说了声"谢谢",便带着孩子一起回家了。

"树倒猢狲散",曾经的"老大"被我成功"归顺",那几个处于观望状态的"小喽啰"们很知趣地开始学乖学好。这个曾经"不可一世"的小团伙就这样被我成功"瓦解",这个"无恶不作"的小团伙也慢慢变成了一个励志的小团队。一年后,他们书写了申请,经学校严格审核后,撤销了之前的处分决定。

常言道:"数子十过,不如奖子一功。"无论学生品行习惯怎样,学习成绩好坏,他们都渴望得到家长的关爱和呵护,渴望得到老师的赞赏和鼓励,渴望得到同学们的认可和帮助。作为班主任,我们不仅不能吝啬对学生的表扬,更应该清楚怎样的表扬才能让效果最大化。我们不能等待学生有轰轰烈烈的"壮举"后才施舍我们的赞誉之词。及时发现学生身上随时闪烁的"微光",投以赞许的眼神和必要的赏识与表扬,也许学生的世界就会五彩斑斓。

挖坑设陷　愿赌服输

——做一个会"使坏"的班主任

在众多不同类型的学生教育中,有一类"问题"学生几乎让所有家长和班主任都很头疼。这类学生一般表现得自以为是,以自我为中心,听不进家长和老师苦口婆心的谆谆教导。他们不服气老师的管教,做事喜欢特立独行、我行我素,自控能力严重欠缺,经常使使自己的小性子,偶尔会出现顶撞老师的现象,这样的学生在每个班都有,属于"倔头犟驴型"。对于这类"问题"学生的教育转化,常规"武器"基本无法对其进行有效打击。所以,教育转化这类"问题"学生时,我们必须要独辟蹊径,不按套路出牌,出其不意,攻其不备,也许会收到意想不到的教育转化效果。

刘小海和张猛在我班就属于"倔头犟驴型"的两名学生。他俩的共同点在于对知识的反应和接受都比较快,是那种比较机灵的孩子。几乎所有的老师和同学对他俩的评价都是天性聪明、机智灵敏。同时,他俩也有一个共同爱好,就是上网打游戏,这让家长非常头疼,束手无策。

刘小海的父亲因为心脏病不能正常上班,常年在家养病,家庭生活重担全部压在其母亲一个人肩膀上。但就是这样,刘小海依然不体谅母亲的艰辛,不断给母亲制造麻烦。

有天晚上凌晨1点多,刘小海的母亲突然给我打来电话,我一看这个时间点打来电话,一定是与孩子有关的急事儿。果不然,刘小海母亲说孩子半夜从家里"跑了"。我说大半夜的从家里跑了是个什么意思,我让她慢慢说。原来,刘小海的母亲半夜起来去卫生间,经过孩子房间时,看到孩子卧室的门半掩着,便下意识地推门看了一眼,结果这一看不要紧,发现孩子没在床上睡觉。害怕孩子父亲知道后心脏病复发,她没敢吱声,蹑手蹑脚地找遍了家里各个房间,也没有找到孩子。在检查了睡觉前原本已经反锁了的家门锁后,她断定孩子出了家门,但她不知道孩子具体是哪个时间点离开家的,也不清楚孩子去了哪儿。所以,她悄悄地出门后给我打电话,说孩子跑了。

我一边尽量开导安慰孩子的母亲,让她别着急,一边询问这两天有没有和孩子产生冲突。她说因为刘小海放学回家后一直躲在自己屋里打游戏,吃晚饭时叫他好几遍也不出来吃饭,结果她一气之下剪断了电脑网线,孩子因此耍脾气和她闹腾了好一阵子。我告诉她,以我判断孩子可能赌气去了网吧,让她在家附近的网吧找找看。刘小海母亲找了两个多小时,依然没有找到孩子。她担心万一孩子父亲醒后发现她娘俩都不在家会着急出事,于是她又赶回了家。回家后,刘小海母亲惊讶地发现孩子已经回到了家,若无其事地躺床上睡觉。刘小海母亲说,这件事后,她再也不敢限制孩子上网打游戏了。说实话,遇到这样的事,我完全能理解刘小海母亲的担心和无助。

张猛的家庭情况比刘小海更加复杂。父母离异,张猛跟父亲生活,但是他父亲因为做生意经常不在家,张猛只能与年迈的爷爷奶奶生活在一起。因为从小缺少父爱和母爱,张猛的性格更加孤僻和任性,不服爷爷奶奶管教,经常自己跑到网吧打游戏。父亲偶尔回家,张猛会有所收敛,只要父亲一走,他便即刻回归"常态"。

有一天,张猛没来上学,我打电话问他爷爷奶奶。因为年龄大了,两位老人也说不太清楚,只是告诉我说张猛从前一天晚上就没回家,告诉他们说去同学家了。我意识到问题的严重性,马上给他父亲打去电话,告诉他父亲事情的原委。他父亲从外地赶了回来,发动亲戚朋友十余人在网吧、游戏厅寻找。整整找了五天,才在距家10多千米外的一家网吧找到了张猛。

找到张猛时,他父亲几乎不敢确认那就是曾经那个机灵聪明、青春阳光的儿子。也许是做生意积攒的阅历比较丰富,见识的人和事比较多,抑或是特殊的家庭背景让其心存愧疚,张猛父亲告诉我,见到孩子时,他并没有谩骂孩子,只是还清了张猛欠网吧的300多块钱后带孩子回家了。

几次事件之后,也让我一时对这两个任性倔强的孩子有点"老虎吃天,无处下口"的无助感。一次次语重心长的谈话,一件件现实案例的讲述,一个个同龄人深陷网络不能自拔的现实,对这两个孩子都没有起到任何警示和教育作用。家长已经在一声声叹息和一次次哭泣中几近崩溃和放弃。说实话,一遍遍不厌其烦的说服教育终因徒劳无获,也正在让我一点点失去那仅存的耐心。我有一种想拽住迷途中并肩前行的两个孩子,却又只能看着他们渐行渐远的背影而怅然无力的感觉,这种感觉只有亲身经历时才能感受。

机会出现在一次语文课上。本不是同桌的刘小海和张猛因为"志趣相投",未经我允许便自作主张坐到了一起。上课时,他俩偷偷摸摸地在一个小本子上画了一副五子棋棋盘,饶有兴趣地下起了五子棋。他俩的这一行为正好被我在课堂巡查时逮了个正着,并拍照取了证。下课后我没收了他俩下五子棋的本子,我发现他俩已经画了好几副棋盘,而且每一副棋盘都有被橡皮反复擦过的痕迹。

下午自习课时,我告诉同学们要开一个微班会。我把取证照片投放到了多媒体大屏幕上,还没等我说话,全班同学早已笑得不能自已。我给同学们简单介绍了照片拍摄的时间、地点和过程。有同学调侃说,下五子棋是他俩消遣的方式,只是在无聊时玩玩而已,他俩的主攻项目是"魔兽"。

我说:"我对'魔兽'不感兴趣,我只对语文课上的五子棋感兴趣。"

同学们一时也不明白我是啥意思,不清楚我葫芦里卖的到底是什么药,只是不停地傻笑。可我有我的计划和策略,所以,我没有生气,也没有因为他俩在课堂上下棋而火冒三丈,反而表现得很轻松,很宽恕。

"就你俩五子棋那臭棋篓子水平,也只能背着别人偷偷下几盘,难登大雅之堂,可不能在别人面前显摆,免得被别人看见你俩的臭棋水平而丢了咱班的脸,损了咱班的形象!"

我在用激将的办法给他俩挖"坑",引着他俩往"坑"里跳。而且,我看了他俩画在棋盘上的"X"和"O",水平确实一般,所以我心里有底。

"老师,你也喜欢下五子棋?"张猛用带有很不服气的语气问我。

"我以前下过几次,现在已经好久不下了,不过赢你俩那水平的,我觉得还是可以的。"我继续引着他俩往"坑"里跳。

听我这么一说,刘小海却不乐意了。"老师,咱们能不能比一比?"

"就是啊老师,敢不敢和我们比一比?"张猛也随声附和。

他俩向我发起了挑战的同时,也成功地跳进了我挖的"坑"里。看热闹不嫌事儿大的同学们也不失时机地起哄呐喊、"添油加醋"。殊不知,他们的"起哄"却无形中帮了我的忙,也进一步激将了刘小海和张猛。

我说:"可以。怎么个比法?赢了怎样?输了又怎样?"

"买冰糕吃,一局一个冰糕!"同学们哈哈大笑。

我义正词严地说:"咱们要比就正式比,愿赌就认输赢。一个冰糕,赌注太小。"大家一看我开始严肃了,就都不再跟着瞎起哄。

"五局三胜,如果我输了,我拿1000块钱,给你俩充游戏币(当时,我的月工资也不过4000块钱);如果你俩输了,卸载游戏,注销账号,从此不再迷恋游戏,行不行?"他俩着实没有想到,我下的赌注如此有诱惑力以至于难以拒绝,而我要求他俩要下的赌注又会直接刺痛自己的"深爱和利益"。一时间,他俩面面相觑,谁也不说行,谁也不说不行。

我担心他俩反悔,就大声面对全班同学说:"同学们,看到了吧,要求比赛是他俩先提出来的,刚才还那么自信,现在却瞬间秒怂啊,看来是要食言喽。不要紧,只要他俩给同学们认个怂,这个比赛就取消,大家说好不好?"同学们的"起哄"更加猛烈。

"我们不认,我们要赌。"张猛激动地说。

"那好,要赌就写承诺书,让全班同学监督作证。"我进一步提高了要求。

比赛时间定在了周一班会课,我琢磨着尽量把这个比赛做得"隆重"一些,给他俩造成一定的心理攻势。所以,除了全班同学外,我还请来了刘小海的母亲和张猛的父亲,一起见证这场我无论如何都不能输的比赛。比赛开始前,我们三个人分别宣读了各自的承诺书,并签名按了手印。两位家长表达了对孩子在陪伴过程中缺失关心和呵护的遗憾。他俩万万没有想到我会把阵势搞得这么大,没有想到我会把家长请来做见证人,没有想到会在全班宣读承诺书并按红手印。毕竟是未成年的孩子,在这一系列"装腔作势"氛围的渲染下,两个孩子的精神和思想已经完全被打乱。

比赛结果一个3∶1,一个3∶2,我赢了。对于失败的结局,刘小海和张猛虽有不甘,但已骑虎难下,进退两难。迫于自己的承诺,迫于现场的压力,迫于家长和同学们的监督,最终刘小海和张猛都表了态,尝试改变自己,之后不再痴迷于网络游戏。

我把比赛结果写在了各自的承诺书上,三人分别又在比分上按了手印,复印了承诺书,装进了四个信封,分别给了刘小海、张猛和他俩的家长。

最后我做了总结性发言。我说:"同学们,赢了今天的比赛,并不是我的初衷,也不是我的目的,但是今天的比赛我必须要赢。我赢得的不仅仅是一场比赛,更赢得了对两名同学的希望和前途。我为他俩敢于发起挑战,勇于接受失败,自觉兑现承诺的勇气感到高兴和自豪;为他俩不食言、不反悔的精神感到高兴和自豪;为他俩想要改变自我的表态感到骄傲和自豪。今天的比赛,如果我输了,对我来说输掉的仅仅只是一盘棋局,而对他俩来说输掉的也许就是前途和人生;如果我赢了,对我来说赢得的也仅仅只是一盘棋局,而对他俩来说赢得的就是希望和未来。希望同学们以后更多地帮助他俩,让他俩早日走入正轨。"我带动全班同学为他俩鼓掌。

据家长后来说,回家后两个人兑现了承诺,极不情愿地卸载了游戏,注销了账号。以后的时间里,虽说偶尔还会有一定的反弹,但是刘小海和张猛始终没有再沉迷网络,痴迷游戏,学习成绩也在一点点进步。

千万名学生千万种思想,不同的"问题"学生会把不同的问题呈现给我们。所以,我们在帮助"问题"学生纠正问题时,切不可规行矩步而失去灵活。针对有些反复不能解决的问题,即使再难,我们也没有理由轻言放弃。因为我们是班主任,是家长在走投无路时最信任和最想寄托的人。

曾经读过《第56号教室的奇迹》一书,我觉得作者雷夫·艾斯奎斯就是一个"做局挖坑"的高手。"挖坑设陷"是班级管理的一种智慧,是班主任工作的一种策略,也是班级生存的一种技巧。所以,作为班主任,在班级管理中偶尔"挖坑设陷",能真正地帮助我们解决一些"问题"学生的"疑难杂症"。

浇一盆水 冷却降温

——做一个会"冷敷"的班主任

小时候很喜欢看小人书，因为识字不多，不能完全看懂图画下面文字描述的意思，只是依靠着装、面部表情和行为动作等，把图画中的人物分成好人和坏人两种类型。小伙伴们玩游戏时，也都喜欢扮演图画中好人的角色，而不喜欢扮演坏人。后来上了学，才发现有的老师也会根据成绩高低和调皮捣蛋的程度，把班级同学们分成好学生和差学生两种类型。从小学到高中，我也因各种原因在好学生与差学生之间来回游走，感受过被赏识时的自豪感，也品味过被冷落时的凄凉感。再后来，自己也成了一名老师，做了班主任，一开始我就拒绝佩戴"有色眼镜"，尽力平衡接到手的每一个班级和班级里的每一名学生。

优秀的学生几乎天天都能得到各科老师的表扬和赞誉，久而久之，这些学生内心就会滋生一种特殊的优越感和骄傲情绪。总觉得自己就是比别人优秀，老师就应该"高看我"，从而表现得高高在上、目中无人。这样不但不利于这些学生的成长，反而可能会出现"钉多木烂"的现象，甚至可能会引起其他同学的嫉妒心理。所以，对待这部分优秀学生，班主任要随时准备好"一盆水"，必要的时候给他们当头泼一盆冷水，为其"降降温"。让他们冷静不浮躁，帮助他们正确认识自己、认清自己。

丁宏是我从起始班级带起来的一名男生，他学习优秀，反应机敏，口才文章俱佳，写得一手好字。各科任课老师都很喜欢他，曾给予他无数的表扬和褒奖。同学们也很佩服他，投来无数羡慕和嫉妒的眼神。

期中考试后，学校举行主题演讲比赛，要求在自愿报名和班级初选的基础上，每班推荐3人参加全校比赛。当团支部书记把演讲报名表给我的时候，我惊讶地发现没有丁宏的名字。团支书告诉我丁宏并没有报名，我觉得挺奇怪的。要是以往有这样的比赛机会，他一定是抢着第一个出头露面，早开始准备

"显摆"自己了，关键是他也有这个能力。于是，我把丁宏叫到办公室，询问他没有报名的原因，他的回答却完全让我出乎意料。

他说："老师，班级初选我就不参加了，我直接参加学校的决赛。"

我以为他没有弄清楚比赛规则，便又给他讲了一遍比赛规则。还没等我讲完，他又说："老师，规则我明白，我的意思是咱们班初选出 2 人，然后加上我，3 个人一起参加学校的决赛。"

我明白了他的意思，他想"越级"，想"一步到位"，想搞特殊。我说："这样可不行，每一种游戏都有它自己的规则和流程，我也清楚你在演讲口才这方面有自己的特长，但我们总不能'倚优卖优'吧。不管我们自己有多优秀，都要遵从游戏流程和游戏规则，否则不就乱套了吗？你这样做，同学们不会服气的！"

他没有听进去我的劝解，依然固执地坚持他的"歪理"，要求直接晋级参加学校的决赛。我也很坚定地告诉他，参加学校比赛的 3 个名额只能从班级初选中产生，如果不参加班级初选，就没有参加学校比赛的资格，视为自动放弃。

可能是期中考试成绩比较优秀，各科老师轮番"轰炸式"表扬，使他很快迷失了自我。我明显感觉到他有点"飘"了、有点"热"了、有点"膨胀"了。老师们把他"宠"上天了，他产生了严重的自负情绪。我觉得很有必要给他"冷敷"一下，否则他会像鸡毛一样"飞上天"，像气球一样"鼓爆炸"。

按照流程，演讲比赛如期举行，3 名初选获胜的同学代表班级参加了学校决赛，一人获得一等奖，两人获得二等奖。在班级总结表彰时，我对三名同学进行了"大张旗鼓"的表扬，并给予了"丰厚的"物质奖励。我鼓励其他同学以这三名同学为榜样，学习他们敢于过招强手、敢于展现自我的无畏精神；学习他们优秀的演讲口才和独特的演讲风格；学习他们乐意为班级争取荣誉的集体观念。总结表彰时，我只字未提丁宏的名字，他坐在自己的座位上，偶尔抬头环视一眼全班，想看看有没有人在关注他，有没有人在为他打抱不平。虽然眼神中依然透露着他那桀骜不驯的倔强，但很明显已不再那样的自负和孤傲。

我与各科老师进行了深入沟通，了解丁宏最近的表现。老师们的观点与我基本一样，都认为丁宏近期有点"飘"，有点傲慢。我与老师们达成一致，尽量减少对丁宏的表扬和赞誉，适当找点"碴"有意识地"敲打"他一下。我假装故意疏远他，他看出了我对他态度的转变，也可能意识到自己做得不对，于是他通过各种方式想引起我对他的注意。下课了，他故意坐在教室的暖气片上，我假装看不见；他把涮洗抹布的塑料盆故意放在讲桌上，我顺手拿下去放在地上；擦黑板时他故意擦得一道白一道黑，我拿起黑板擦自己重新擦一遍；他打着问问题的幌子到办公室找其他老师，却心不在焉地斜眼偷看我的表情，琢磨我的心思……

　　一个多星期后，政教处主任找到我，告诉我丁宏同学到政教处告我"黑状"，说我偏向其他同学，剥夺了他参加演讲比赛的资格，而且还冷落他，也不搭理他。我把事情的原委给主任做了汇报，主任明白了我的良苦用心，并决定配合我一起教育纠正这个孩子。我不知道主任是怎么和丁宏交流的，只是在他们谈完话后，丁宏写了一份"认错书"交给了我。我看完后对他说："你不用向我认错，因为你的所作所为没有伤害到我，伤害的恰恰是你自己和你所在的这个集体，如果你真的认识到了自身的错误，老师希望你给自己认个错、道个歉。"我建议他自己给自己大声读一遍"认错书"，他读了，读完后我俩都忍俊不禁。

　　我告诉他："不论做什么事，我们都不应该单纯地站在自己的立场上考虑问题，那是很自私的表现，会伤害到集体，伤害到他人，也会伤害到自己。我们可以很自强，但不能太自负，即使你自认为很强大，但你仍然要懂得'天外有天、山外有山'的道理，切不可'一叶障目，不见森林'，'谦虚谨慎，不骄不躁'才是做人的标准。"

　　此后的学习生活中，丁宏收敛了许多，少了一些从前的自负和张狂，表现得更加成熟和低调。

　　对于优秀的学生，几乎所有任课教师尤其是班主任总会给予更多的褒奖和保护，即便在他们身上出现这样那样问题的时候，有的班主任也会经常"睁一只眼，闭一只眼"。老师们普遍认为优秀的学生犯错误是可以原谅的，甚至都不认为是错误，从而选择了宽容。殊不知，这样的宽容如果给予得多了，时间久了，可能就会变成对学生的纵容。这样"庇护式"的教育方法，不但不利于这些"问题"学生的成长，反而有可能会伤害到他们。当他们"膨胀"的时候，班主任要准备好必要的"冰块和冷水"，及时给他们"降温、冷却、消肿"，让他们尽快收起来，促使其健康成长，遵循规律地成长。

点一把火　暖一颗心

——做一个会"点火"的班主任

有些学生因为学习不好、意志薄弱、自控能力差、行为习惯不好等原因，经常不受老师待见。对于老师的批评和训斥，他们早已习以为常。时间久了，他们内心会滋生出诸如叛逆、自卑、捣乱使坏、自暴自弃等主观情绪，甚至有些学生在课堂上不服任课教师管教，与老师"对着干"，班主任只能不断地充当救火队员，以调和任课教师与学生之间的矛盾。所以，对待这部分学生，班主任要随时准备好"一把火"，必要的时候将他们点燃，让他们感受温暖，体味被关爱的幸福，帮助他们树立信心。

安萌是我高二接班时坐在后三排中的一名女生。接班后的一段时间，我持续观察分析后三排的同学，他们中大部分同学精神比较涣散，进取心不强，习惯养成也不好。班里每两周都会换一次座位，但都是左右滚动式轮换，前后位置却不曾变化，俨然一副"铁打的营盘"。后三排好似被钉在那里一般，"永世不得翻身"。后来，我将换座位模式调整为小对角线递进递退式轮换，且每周调换一次。这样一来，每名同学都有坐第一排的机会，也有坐最后一排的可能，人人均等，雨露均沾。距离讲台近了，距离老师亲了，包括安萌在内的原后三排同学的精神面貌和上课状态均有了不同程度好转。

这是我给他们点燃的"第一把火"。虽说安萌有了一定程度的转变，但是她的问题并不只是简单的座位变化就能解决了的。她性格非常内向，缺乏自信，对周围的人和事很敏感，很在乎别人对她的看法和评价。在与任课教师交流后得知，她上课听讲也不太认真，作业也经常不交。

有一次，英语老师给学生布置了英语书写练字作业。同学们早读期间，我随意翻看了几份放在作业桌上的英语书写纸，安萌的书写练习让我眼前一亮。

她的字写得非常漂亮，而且极为工整，乍一看，好像印刷体一般，这让我对她刮目相看，也让我发现了她这个"藏而不漏"的优点。我决定拿她的这个优点尝试"做一做文章"，帮她点燃"第二把火"。

我找她索要之前的英语作业本，她给我的英语作业本上的全部作业也不过只有5次。我问她作业本上为什么只有5次作业，她说有些作业自己不会做，就没写。我问她为什么这次交了作业，她告诉我说，这次的作业不用思考，只是练习书写，所以就写了。在与她的交谈中我发现了她的另外一个优点——诚实。我决定做一次班级作业展评，我通过视频展台重点展示了几份比较好的作业，其中就有安萌这次的英语书写作业。我表扬了她的书写，表扬了她的诚实。我说老师们都喜欢批改像安萌这样的作业，因为她的作业字迹工整、书面整洁、书写认真。我倡议全班同学都向安萌学习，她笑了，腼腆中带着羞涩。此后，她的作业更加认真，交作业的次数也明显增多。我让她进了班级文化建设小组，专门负责黑板报写字，她很高兴，也很负责，这是我给她点燃的"第二把火"。

在两把火的烘烤下，安萌感觉到了温暖，体会到了被认可和被尊重的成就感和幸福感，得到了更多人对她的表扬和激励。她一点点变得开朗、自信，内心也在慢慢打开。

高三运动会，体育委员组织同学们报名，在女生项目报名时，我找到了安萌，问她体育成绩怎么样，以前有没有参加过运动会。她说，初中时参加过，也拿过奖，但是上了高中就没再参加过，感觉同学们都挺厉害，所以不敢参加，万一跑了最后一名那就太丢人了。我明白她的心理，她依然缺乏自信，顾虑太多，太在乎别人对她的看法。我一点点开导她，鼓励她。我告诉她，运动会比拼的不只是体育成绩，更重要的是参与精神。成功不是必须拿第一，勇敢参与活动本身就是成功。我动员她，高中三年，老师希望每个人都能在运动场上留下自己的身影和故事，多年后再回忆起来时，这也算是人生道路上的一段值得记忆的青春。她很忐忑地同意了，报名参加了100米和4×100米女生接力。出乎我意料的是，她获得了100米单项第三名。4×100米最后一棒的她力挽狂澜，在终点前完成超越，夺得第一名。

没想到这"第三把火"会把她烧得这么旺，没想到在大家眼里一个文文弱弱、性格内向、缺乏自信的女孩会迸发出这么大的能量。她"一战成名",女生们抱在一起疯狂地嘶喊,男生们则如我一样站在一旁呐喊鼓掌。她彻底释放出来了,也彻底从自我封闭的世界里走出来了。她成功了,我为她感到高兴,也为我自己没有放弃这个曾经饱受孤独封闭的可怜孩子而自豪。

"三把火"彻底点燃了一个曾经内心极度冰冷的女孩的灵魂。就让她尽情燃烧吧,彻底释放吧,让那些曾经尘封在她记忆中的不愉快随风而去吧,我由衷地为她高兴。后来,安萌告诉我说,初中时,她是学校田径队的队员,因为初三生病,来自身体和精神的双重压力让她深受折磨,几近崩溃。后来决定放弃体育,就没再系统训练,所以不敢参加运动会,也不敢在同学面前表现。

有的学生因为学习不好、纪律不好、习惯不好而受到老师的冷落,作为班主任,我们要及时捕捉这些所谓"后进生"的基础信息。有时候我们多看这些孩子一眼,多问一句,给一点温暖,给一点关注,也许就能挽救他们内心那一点快要熄灭的灯芯,燃起熊熊大火。

唱演双簧　假戏真做

——做一个会"演戏"的班主任

　　有些学生就像一颗颗"不定时炸弹"，一不小心就会在没有任何征兆的情况下突然爆炸，让班主任措手不及。多年与这类学生打交道，让我深深感觉到，简单粗暴的教育方法对他们基本起不到任何引导和转化的作用，常规教育方法同样没有多大效果。要想从根本上教育转化这类学生，必须要另辟蹊径。

　　陆同就是我高二中途接班时遇到的这样一名"问题"学生。9月1号开学第一天，他因为在厕所抽烟，被政教处主任逮个正着。主任告诉我，陆同曾在高一时因为抽烟已经给过他一次处分，而且他也写过保证书，如果再抽烟，就让学校开除他。政教处主任把他的"保证书"拿给我看，他确实是这样保证的，而且保证书上还有家长的签字。我告诉政教处主任，因为刚刚接手这个班级还不到两天时间，对全班同学还不是很了解，仅仅只是在前一天开学报到时才与全班学生见过第一次面。我问政教处主任，学校对这类事件的处理意见是怎样的。他告诉我，高一时，陆同不但抽烟，而且还参与过打架，现在又再次抽烟，属于累犯，而且是开学第一天，影响极坏，且屡教不改，至少应该是劝退。听了政教处主任的意见，我心里开始犯嘀咕。说实话，不管这个学生之前有多么的"劣迹斑斑"，至少在我接手这个班级的第一天我是不愿意看到这样的现象的。

　　从政教处出来后，我与陆同进行了一次深入的沟通交流，给他讲了事情的严重性，告诫他犯了错误就要学会敢于承担，而且必须要承担。我问他怎么想的，他告诉我不想被开除，并向我保证以后绝对不会再犯这样的错误。还没等他说完，我就打断了他的话。我说不要给我宣誓这样苍白的誓言，自己的错误不要向任何人保证，只对自己的言行负责即可。

　　下午，我与政教处主任再一次进行了深入的沟通和交流。我问主任能不能配合我演一出"双簧戏"，我把我的想法述说了一遍，政教处主任觉得我的想法可行，可以尝试一下。我俩商量了具体可行的办法，开始"唱演双簧，假戏真做"。我告诉政教处主任，这个"双簧戏"需要分两步走。

第一步，给陆同的处分决定按部就班地正常执行，真实打印"学生违纪处分决定书"，在处分决定书上如实填写违纪事实、违纪过程、违纪处理决定等内容，然后通知家长来学校，告知家长处理意见，并当场宣读处理决定，让学生、家长和班主任在处分决定书上签字确认，并加盖公章。一切按照学生违纪处理流程进行，一切操作都在学生和家长面前"真真切切"地完成。

第二步，我代表我个人和班级向学校"求情"，给学校写一份保证书，保证以后加强对陆同的监督管理，不再出现类似的问题。如果再出现这样的问题，责任由我来承担，学校可以给我处分。

一切商定妥当后，我们开始实施"双簧戏"演出。我给家长打去电话，告知家长孩子在学校所犯的错误。电话那头的家长唉声叹气，感到无能为力，问我是不是这次真的要被开除，能不能再给孩子一次机会。我告诉家长，每个学校都有自己的管理规定，学生抽烟这不是个小问题，对于学校来说，这就是大问题。我觉得不管怎么样，家长都需要来一趟学校，配合学校和老师共同教育转化孩子。

按照之前的"彩排"，政教处主任给家长汇报了陆同在学校的种种表现，讲述了这次抽烟被发现的具体过程，并当面向家长和学生宣读了"关于陆同同学违纪问题的处理决定"。这是我第一次见到陆同的母亲，她的双手在不停地发抖，头也不停地左右摇晃。起初我以为这是因为她过于担心和紧张导致的，也没多想。当她在处分决定书上签完字后，突然狠狠踹了孩子一脚，然后哭着说："妈妈都病成这样了，你就不能体谅一下妈妈吗？每天上学我都为你担惊受怕，生怕你在学校里再惹出什么乱子来，我每天都生活在紧张和恐惧之中，你说我容易吗？"陆同母亲一边哭泣，一边诉说着家庭的不幸和生活的艰难。原来，陆同的父亲在他上小学一年级的时候就因病去世，母子俩相依为命，而且自己还患有帕金森综合征。瞬间，我明白了孩子母亲手抖头摇的原因了。家庭遭遇变故，自己身体不好，孩子又不听话，对于一个病弱的女人来说确实是太不幸了，太艰难了。这是我不了解的,也是出乎我意料的。但是我觉得他母亲这一段"意外"的表现恰到好处地给我们准备的"双簧戏"增添了戏份。

等家长冷静下来后,我开始登台"演戏"。

我说:"这个班的学生状态怎么样,我只是从原班主任那里简单了解一些,但很不全面。8月31号开学报到,是我第一次与学生见面。9月1号开学第一天就出现了这么严重的问题,确实让我始料未及。中学生抽烟是非常严重的违纪行为,而且陆同还是第二次犯了同样的错误。这只是被老师发现的两次,那么,到底在学校抽过几次烟,陆同你自己最清楚。这次抽烟,你将面临什么样的后果,你也很清楚,按照校规校纪,你会被开除好几次。"我首先指出了陆同所犯错误的严重性,让他和家长都认识到问题的严重程度。

也许母亲刚才的突然失控和哭诉刺痛了少年的内心,这个"满身是问题"的大男孩用袖子抹着眼泪,低着头不吭声。

"主任,你看陆同这孩子其实也挺懂事的,只是可能好奇心强、自律性较差、习惯不好才会反复犯错误。你也知道,我刚刚接手这个班,一切都还没有进入正轨,对学生也没有完全熟悉过来,更别说了解他们了。开学第一天出现这样的问题,作为班主任,我有不可推卸的责任,说明我的教育管理细节和责任意识都存在一定问题。"我说到这里,陆同母亲突然打断了我的话,她说:"李老师,您可别这样说,孩子的问题是我们家长没有教育好,您才第一天接手他们这个班,怎么能是您的责任呢!"

"陆同他也认识到了自己的错误,这个处分决定能不能暂时不在全校公示。作为班主任,我代表我个人和全班同学向学校写一份保证书。如果陆同同学在这个班里再出现类似的问题,这次的处分决定即刻生效,同时我也申请学校给我处分,扣除我班主任费。我真诚地希望学校能再给他一次改正错误的机会,也让他在这个过程中好好反省自己,认识自己,您看这样行不行?"我继续着我的"演戏"。

政教处主任假装为难,略加思索后表示:"这样也可以,既然李老师这样保护学生,那我们可以考虑再给陆同一次机会。但是这毕竟事关重大,我需要向学校汇报,最终能不能得到批准,我也不敢保证。可是陆同你要记住了,即便是给你这次机会,也不是学校给你的,而是你李老师担着风险给你争取来的。如果今后你表现好了,你李老师脸上也感到光荣,也会为你骄傲;但是如果你再出现这样的错误,你知道后果的严重性吗? 不但你今天的处分即刻生效,更重要的是你班主任也要受到学校处分。以后该怎么做,你要想好了,你不但要对你自己负责任,而且还要对你班主任负责任。你可不能随意挥霍你班主任对你的信任和帮助,不能挥霍你家长对你的期待与关爱,希望你能好自为之,深刻反省认识自身存在的问题,及时改正自己的错误,争取做一名合格的中学生。"

我拿了一张纸,当着陆同和他母亲的面"一本正经"地写下了我的保证书,签名后交给了政教处主任。当着家长和孩子的面,主任把保证书的内容原原本本地宣读了一篇,签字盖章后与处分决定书一起装入文件袋并封存。

"这是我所经历的第一次出现班主任为犯了错误的学生求情做担保极力保护自己学生的案例,可见你班主任是多么疼爱你们,关心你们。李老师一心为你们着想,为你们的健康成长考虑,担心你们养成坏习惯,影响学习,误入歧途,担心你们的身体和心理受到伤害。希望你能做好自己,在以后的学习生活中为自己争光,为班主任争光,为班集体争光。"政教处主任的话足以让学生和家长对班主任心存感谢和感恩,尤其对陆同来说。

陆同低垂着头,一边抹着眼泪,一边表态说以后坚决不再惹是生非,决心做一个明事理、懂亲情、知恩情的孩子。"唱演双簧"并不只是为了演戏而演戏,我的目的是通过假戏真做,让学生从戏中感受班主任对他的保护与包容,感受家长对他的关爱与呵护。当他从一名"看戏的观众"转换成一名"入戏的演员",真正成为"戏中人"时,他就会竭尽全力配合你把这台戏演完、演好。

直到高三毕业,陆同始终践行着自己的诺言。虽说还存在一些这样或那样的小问题和小毛病,但在两年的时间里再也没出现过类似抽烟、打架等严重违反校规校纪的错误,而且也没有了以前的那种桀骜不驯,对待老师很有礼貌,与同学相处和谐融洽。

偶尔与陆同母亲交流起孩子的变化时,这个曾经伤心无助的母亲总是有表达不完的感谢和感动。她说孩子现在在家里就像个男子汉一样保护她,像个大暖男一样照顾她,帮她分担家务,她也感到很知足、很幸福。

肖婕是高二选科分班后进入我班里的一名女生,她原来不是我班的,但高一时我教过她,而且是我的政治课代表,同时也是学校团委礼仪社团的一名礼仪学生。总体来说,肖婕算是一名品学兼优的学生,非常热爱关心班集体,不管谁遇到困难,她都会出手相助,绝不袖手旁观。但她喜欢化妆打扮,非常爱美,对于这个习惯,我对其先后几次谈心教育都没有任何改变。

　　其实在高一时,肖婕就已经出现过化妆和涂抹口红的情况,原班主任因此也曾说教过她几次,但基本不见收敛,收效甚微。选科分班来到我班后,我第一时间与肖婕沟通交流。根据《中学生日常行为规范》和《学校管理规范》等相关规定,本着关心爱护和教育转化的原则,我劝解她保持面容本色,不要再化妆。她听从了我的劝解,确实不再化妆。但是好景不长,她又故技重演,且变本加厉,不仅又开始了之前的化妆,还扎了耳朵眼,而且一个耳朵上扎了 3 个洞,每个耳朵眼上都戴了一个透明耳棒,她这种近乎"挑衅"的行为让我非常生气。我再次与肖婕进行深入沟通交流,她也再次表态不再化妆,摘下耳棒。就这样,前后几次反复,我只要与她交流,她都会满口答应,而且每次态度都很诚恳,对错误的认识也很深刻,可是过不了几天,她便故态复萌、旧调重弹。

　　肖婕不是个顽皮捣蛋、上房揭瓦的学生,自尊心比较强,所以,在教育转化时还不能太过于激烈,以免伤害到她的自尊心和自信心。这类学生属于典型的"掉在灰堆里的豆腐——吹又不好吹,打又不好打",这可怎么办? 我在反复思考……

　　机会出现在一次期中考试监考时。有一位监考老师找到我,很惊异地告诉我说:"李老师,你班有一名女生扎了好几个耳朵眼,太扎眼了,你应该好好教育教育,不能让她这样放纵,太张扬了。"我很清楚监考老师说的这个女生就是肖婕,所以,我也没有辩解为转变这名女生所做的前期努力,只是在倾听完监考老师的"告状"后,反而让我眼前一亮,觉得这是一个难得的机会。于是,我决定利用这次机会,找个人配合我演一出"双簧戏",尝试对肖婕进行教育转化。

　　"双簧戏演员"我选中了德育副校长张诚伟。我向张校长表达了我的意图和设想,并将肖婕的基本表现和前期所出现的问题以及我所做的教育转化工作向张校长做了汇报,张校长听后同意了配合我演好这出"双簧戏"的想法。商议妥当后我编辑了一条 QQ 信息："李老师，这几天有几位老师连续给我反映，在期中考试监考时，发现你班有一名女生扎了耳朵眼，戴了透明耳棒，而且还扎了好几个，影响非常恶劣。我不知道老师们反映的情况是否属实，如果属实，请告知并教育这名女生，让她拿下所有耳棒，如不改正或再犯，学校将给予该女生严肃的纪律处分。"我将自编的 QQ 信息发给了张校长，让张校长把信息原封不动地转发给我，然后我"一本正经"地给张校长回复了信息："张校长好，信息已收到。班里出现这样的事情，作为班主任感到非常惭愧，我将即刻调查核实，待核查清楚后一定按照学校管理规定和您的要求对该女生进行批评教育，并积极引导其改正错误。同时，我代表高二·一班特此保证，以后不再发生类似事情。"信息互发完成后，我再一次与肖婕进行了沟通交流。我打开手机，将张校长与我互相发送的 QQ 信息给她看，她很认真地看完了，并信以为真。还没等我开口说话，她便主动摘下耳朵上的耳棒，并且给我说："老师，对不起，给咱班丢人了，高中毕业前我保证不再戴耳棒，请您相信我！"我担心她只是嘴上认服，内心一时无法接受，所以又与她交谈了半个多小时，直到她完全放松放下后，我才得以放心。以后的时间，一直到高中毕业，肖婕再也没有化过妆，没有戴过耳棒。

教育转化"问题"学生是教育工作中的一个系统性工程，而且教育有其本身的共性和规律性。但对有些独特学生的独特问题则需要准确把握其自身的特殊性，只有做到因材施教，坚持具体问题具体分析，才能认清问题的本身从而加以正确解决。我们教育的目的是转化学生、改变学生、成长学生，而不是打压学生，甚至把学生推出学校、推向社会。把"问题"学生推出学校，学生带着问题踏入社会，在社会这个大环境中他还没有足够的社会阅历，没有成熟的生存能力和应变技巧，如果他的问题得不到及时有效解决，量的积累达到一定程度必定会引起质变。

一封家书　母慈子孝

——做一个"月老"式班主任

　　经常会有家长对我说："我这孩子太不听话了，太难管了，一点都不理解父母，在家只知道玩，一点也不学习，动不动就在家大吵大闹，还摔东西，熊孩子让我心力交瘁，我们谁说话他都不听，只听老师的话，希望老师能好好管管他，帮帮我。"可以说，几乎所有的班主任或多或少都听到过家长这样的诉苦和抱怨。

　　孩子出现这些问题，基本都是因为性格叛逆。我个人认为，青少年学生的叛逆期可以分为两个阶段，第一个阶段是13岁左右的初中阶段，这个时期是他们独立人格的初步形成期；第二个阶段是16岁左右的高中阶段，这个时期是他们情感需求的形成期。尤其是进入高中阶段的青少年正处于心理情感的过渡期，他们渴望自己被认可的独立意识和以自我为中心的自主意识在不断增强。他们不再希望父母过多地参与生活，他们渴望话语权，凡事都想自己拿主意，排斥父母的约束、指使和吩咐。

　　为了引导这些孩子，我在寒假时发动家长给孩子写一封信，动员家长把平时不好意思对孩子直接说的话、不能面对面说的话、埋在心里很久的话写成一封信，寄给我，由我转交给孩子。有一位母亲说，初中时给孩子写过一封类似的信，但几乎没有什么效果。我告诉她，初中时孩子的心智成熟度不如高中，尚不能完全理解父母的苦心。只要家长用心写出内心的真情实感，写出对孩子的谆谆教诲，写进孩子的内心，孩子是能理解的。后来，很多家长都写了信，原本计划春季开学后召开一次有家长参加的主题班会，班会的主题就叫"一封家书"，但是，由于新冠疫情的影响，主题班会没能如期召开。于是，我改变了策略，将教室内一块壁报栏开发出来，起名"一封家书"，在征得同学和家长的同意后，我精选了部分"家书"采用了匿名的方式张贴在了壁报栏内。

我给同学们说:"不管是谁的父母,都是同学们的父母。父母写给同学们的信,大家都应该认真读一读,不必对号入座,但愿对同学们有一定的启发和感触,期待同学们看完所有的家书后能有所领悟,更期待你能有所转变!"

此后的一段时间,我不间断地接到家长的电话和信息,反映孩子在家里的变化。

徐凯母亲说:"最近这段时间感觉孩子突然变了个人似的,变得懂事了,吃完饭收拾桌子,还破天荒地主动刷碗。"

袁文母亲说:"现在每天回家后第一时间主动上交手机,也不开着电脑,吃完饭后不用像以前那样反复催促,能自觉地进屋学习,也能按时睡觉。"

朱彬父亲说:"昨天晚上孩子告诉我们早上起床自己定闹钟,不让我们三番五次地喊叫了,说爸爸妈妈平时工作太辛苦了,尽量让我们多睡一会儿。突然感觉我家神兽学会了关心和体贴,都快把我们感动哭了。"

李瑞父亲说:"孩子在学校附近与同学合租,之前都是我们给他打电话,这段时间每天晚上都是他主动给我们打电话,问爸爸妈妈累不累,让我们放心他,照顾好自己。"

……

孩子们有了转变,更多地理解了父母,懂得了父母。我在班会课上展示了家长们反馈给我的信息,表扬了进步的孩子,鼓励同学们相互学习,在学校做一名好学生,回家做一个好孩子,帮助父母分担家务,少让父母操心,多让父母开心。

"一封家书"把父母多年没说出来的话倾诉在了文字里,也写进了孩子们的内心深处,我由衷地为这些孩子们的改变感到高兴。

征得家长和孩子们的同意,我在此附两封家书,一起共勉。

一封家书
——写给儿子的一封信

我的儿子:

时间过得真快,转眼又是一年。去年刚升入高中的你又长大了一岁。看着我身边帅气英俊的你,妈妈深感欣慰。

亲爱的孩子,你每天陪伴在妈妈身边,妈妈每天看着你一点点长大,每次想和你说说话时,感觉已经没有共同言语了。你嫌弃妈妈啰唆,是游戏占据了你我之间的关系,我自认为我是你的妈妈又是你的朋友,我想在你空闲时间不要一味地迷恋游戏,我们可以出去走走,聊聊天,说说你发生在学校的事,妈妈愿意倾听。现在,你一天天长大,你应该逐渐认识到,许多事情妈妈不能再帮你,也帮不了你,必须由你自己独立完成。你也能清楚地感觉到妈妈对你的要求一天比一天多,也一天比一天严,要求你的学习能够跟上,要求你做力所能及的家务,要求你把自己当作大人……有时把妈妈惹怒了,我也会骂你甚至打你。在你的眼里,妈妈变了,变得不再那么温柔了,也似乎没有以前那么爱你了。

　　其实,妈妈没有变,当你不开心时,当你生病时,当你和我拌嘴时,你知道我心里有多么难受吗?孩子。你知道妈妈的良苦用心吗?我之所以对你要求越来越多、越来越严,因为妈妈知道,你总有长大的一天,你总有独立飞翔之日,妈妈不能帮你一辈子、照顾你一辈子,人生的路需要你自己去走。因为妈妈知道,过分溺爱你,那是害了你,是妈妈的不幸,更是你今后人生的不幸。这就是成长,成长有痛苦,但更多的是快乐,请欣然接受吧!今天,也许你还不能理解,但总有一天,你能理解的。

　　我学着如何去与进入青春期的你沟通。

　　孩子,我尽最大努力照顾和培养你。我希望你今后有愉快幸福的一生。妈妈是平常人,不是那种非常优秀的家长,教育孩子的经验也是从空白开始学习,有时我的学习还落后于你的成长速度,有时在言语上会伤害到你,这是妈妈的不对,对不起孩子,我已经努力在学习了,争取做一个好妈妈!

　　儿子,你已经成为一名高中生了,随着青春期的到来,妈妈不想多絮叨你什么,只希望你能够把握好当下,好好学习,听老师的话,先将学业搞上去。儿子,妈妈多么希望你能主动放下手机,将所有的心思用到学习上面!

　　最近,你似乎成长得飞快,不论是身体,还是思想。总体来说,我为拥有你这样的儿子感到骄傲。

　　我总要求你努力,在该学习的年龄,多学一些知识,年少的你以为我是要面子,但更重要的,是希望等到将来,你所学到的知识会成为助力你成功的翅膀。

儿子，妈妈永远是你的坚强后盾，期盼你两年后，考上理想的大学，学业有成后，回报国家。妈妈坚信你能把自己的学业处理好，做个自强、有担当、不辜负家人期望的好孩子。

妈妈永远和你一起加油进取、共同学习！

2020 年 1 月 30 日

爱你的妈妈

一封家书

妹妹：

这应该是我第一次给你写信吧，想了好几天，也没想出该怎样写，就随心吧。

首先，我想说一声对不起。对不起之前的一天晚上打电话对你说难听的话，让你情绪激动穿着睡衣跑出去，让妈跟着着急；对不起那天晚上因为你学习问题踹了你，又打了自己，明明我可以用更好的方式去处理这个问题；对不起在你每次做错事时，我总是脑子发热地先批评你，丝毫没考虑你的自尊心；对不起我总是拿自己的经验去解决你在成长道路上遇到的问题，忽略了你的感受；对不起，好像自从你长大了，我从来没抱过你……还有好多对不起，这些对不起都是我在事后反思时想对你说、但从来没有张开口的，都是我要面子。虽然有很多对不起，但我保证，几乎全部是因为我在乎你，我心疼你对自己的不负责任，我希望你能健康快乐，以后过上幸福的日子。

你生病的日子，是你长这么大来最难熬的时刻，也是咱们的家庭束手无策、绝望难耐的日子，好像爸爸受伤时，咱们都没有这么低气压过。你来济南，是转折，是希望，是灿烂的阳光，奶奶、爸爸、妈妈和我心里的阴霾都驱散了，提心吊胆的日子好似结束了。有时候我真的相信了那些妖魔鬼怪，告诉自己命中注定济南就是我们的归宿。

你是个乖孩子，你非常懂事，你很有礼貌，你让着我，唯一让我担心的就是学习。我细细回想我们俩之间的矛盾，好像大部分围绕着你的学习。就比如这个寒假，20 号我和你吵了架，因为我让你规划学习，你说才放假的第 2 天，我生气地说不管你，到今天 30 号，你没有学习过一分钟。你明明知道自己的薄弱之处，知道自己哪里欠缺，也很想学习，就是不够自律，管不了自己，我很愿意当你学习的监督者，但我想不明白你为什么这么排斥，能不能跟我说一下原因，我也反思一下自己。

寒假里我给你布置了一个任务，每天看天气，做记录，其实不是想让你在其中学到多少多少的知识，而是想培养一下你坚持的能力。你没有做到，我没有与你讨论这个事或者批评你，因为我真的不知道我该怎么做，我也在学着做一个好姐姐，希望能给你的成长提供正向的助力。但我真是憋了很久了，一直想跟你说，你真的很聪明，就是在持之以恒这件事上你做得很不好，3分钟的热度让你兴趣广泛，但又没有一件事是坚持下去的，你知不知道静心、坚持方能成功啊。

怎么写着写着好像我又在批评你啊，哎，怎么办，我要删了重写吗？

想了下，算了吧，这就是我，这是你习惯的我，这是我们之间的相处模式。

妹妹，我好希望你能好好学习，上个理想的大学，读个喜欢的专业，找个理想的工作，最好和我生活在一个城市，我们能经常联系，我知道你的近况，你了解我的生活。我很愿意为了我的这个愿望努力，你愿意吗？

2020年1月30日晚

姐姐

怎样做好家庭教育，这是一个亘古不变的永恒话题，也是一个需要长期研讨的课题。但不管怎样，家庭是孩子落地后开始接受教育的第一所学校，家长是孩子成长的第一任老师。家庭教育有别于学校教育和社会教育，家庭教育无须太多的灌输式说教，更多的是需要通过言传身教对孩子产生潜移默化的影响。所以，和谐的家庭氛围、良好的人际关系、必要的亲情陪伴、适时的宽容理解都是家庭教育中必不可少的因素。

家庭教育出现问题时，家长们首先想到并求助的就是班主任老师，当家长有求于我们班主任时，我们切不可一推了之。帮助家长出点子、想办法，共同教育转变孩子，让孩子健康、自信地成长，这是家长的期盼，也是我们班主任工作的职责。

摘颗甜枣　给家长吃

——做一个"会哄"的班主任

常言道:"打一巴掌,给一颗甜枣吃。"这几乎是每一名班主任在教育管理学生时惯用的"伎俩"。这种软硬兼施、恩威并重的教育方法,实际上也是一种惩戒的策略。这一巴掌"打"的是学生,"吃枣"的也是学生,无论是"打一巴掌",还是"给一颗枣",都是一种教育方法,其最终目的都是为了教育转化学生。

现在的家庭,因为独生子女居多,家长或多或少都有"护犊子"的情感。随着家长和学生"维权"意识的不断增强,现在越来越多的老师,尤其是班主任老师都有一种"畏家长"心理,不但觉得学生越来越不好管理教育,而且更不敢伺候难缠的家长。这就导致很多班主任在教育管理学生时畏首畏尾、如履薄冰,对学生的违纪产生了一种不敢管、不想管、不能管的畏难回避情绪,生怕一不小心给自己带来一场"灾祸"。

老师不是圣人,也有情感,有脾气性格,面对几十名不同性格的学生,面对每天频繁出现的不同问题,老师有时也会心情急躁,情绪失控,出现"一巴掌"有时也是难免的。白杨树的挺拔是用镰刀修出来的,盆景的美观是用铁丝绑架成型的,一个孩子的健康成长,必要时也需要那"一巴掌"。我认为,对有些学生的这"一巴掌"不但要落下,而且还要落得明白,让他明白为什么会"挨巴掌";要落得结实,让他清醒地认识到自己的缺点和不足;要落得有效,让他知道怎么去修正自己。

但是,这"一巴掌"落下去后,我们要准备好一颗"甜枣",这颗枣不是给学生,而是要给家长,"巴掌"落给学生,"甜枣"喂给家长。

有一次期中质量检测考试,监考老师告诉我历史科考试时我班吴青作弊,并且把作弊证据(小纸条)给了我,同时告诉我在没收小纸条时吴青的态度非常蛮横,很不服气,让我好好教育教育孩子,别让他产生抵触情绪。其实监考老师也是为了他好,考虑到他的情绪和面子,并没有直接报告到学校政教处,而是本着教育的目的让我与吴青谈谈,化解他情绪和认识上的错误。

吴青是体育特长生,因为在运动会上"风光无限",致使他在平时的学习生活中有点"迷失自我",有点"飘飘然"了。考试结束后,我单独把吴青叫到了办公室,问他历史科考试作弊的事情。令我没想到的是,还没等我把话说完,吴青就很激动地说:"她就是和我过不去,不就是因为上次上课时我怼了她,她对我怀恨在心,想整我吗?"

我问:"她是谁?"

"就是李晓冰。"他用"她"替代"老师",且直呼老师的名字,表现得非常蛮横无理。

"上次在课堂上你当着全班同学的面怼老师,你觉得你做得对吗?"我问他。

"她要不找我碴,我能怼她吗?"他依然强词夺理。

"那你是觉得老师错了,你上课看小说老师就不应该管你,是吗?"我继续发问。

"我又没扰乱课堂纪律,又没影响她上课,她凭什么没收我的书? 反正我没错。"他的语气里没有一点对自己错误的认识,反而认为都是老师的错,老师压根儿就不应该"打扰"他看小说的雅兴。

我说:"咱们暂且不说上次的事儿,今天历史科考试你作弊是事实吧?"

"我没作弊。"他直接矢口否认历史科作弊的事实。

我拿出他作弊的小纸条,问他:"那这个小纸条是怎么回事? 不会也是老师冤枉你了吧?"

"纸条是我的,但我没有作弊。我刚拿出来,还没来得及看,就被她发现没收了,这能算是作弊吗?"我惊诧于他的怪异逻辑。

我说:"那你至少有作弊的动机,这点你认可吧?"

"老师,我不这么认为。你总不能说我从银行门口经过了,多看了几眼银行,就说我有抢银行的动机吧?"他继续狡辩。

他的不讲理让我"热血沸腾",我说:"不管你怎样强词夺理,但是你提前准备小抄，这本身就已经错了。而且在考试过程中拿出来准备作弊，被老师发现后没收，其实这是老师在保护你，是为你好，而不是你认为的老师和你过不去。"

"老师，你可别这样说，我可受不起她对我的这份独特的爱。"他依然不理解老师。

"在这个社会上，有人犯浑偷钱包，有人一时迷糊偷手机，有人迷财盗窃金店，有人虎胆抢劫银行，你通过作弊窃取知识，虽说后果不会有他们那么严重，但性质却是一样的，都是偷窃行为……"

我看他油盐不进，不愿认识自己的错误，就故意把问题的性质说得严重一点。没想到他不但不认识错误，反而变得更加猖狂。

"老师，你这么认为的话，那我就是贼了呗？"他反问我。

"没什么两样！"我斩钉截铁地告诉他。

他有点"恼羞成怒"，挥舞着手臂，语无伦次地和我狡辩。我觉得不能再惯着他了，因为之前运动会上的"高光"表现，他总认为老师应该更多地偏爱他、宽容他。

"你想干啥？作为一名学生，犯下这么丢人的错误，你还在这里慷慨陈词、侃侃而谈。你不觉得你这无理取闹、强词夺理的行为很丢人吗？你不觉得你直呼老师姓名，你太没有礼貌了吗？李老师没有让你作弊成功，你是不是觉得老师很不通人情，就跟你过不去，是吧？我告诉你，李老师这是在保护你，你懂吗？李老师完全可以直接报告到政教处，那样等待你的就是处分，你懂吗？"

也许几个反问镇住了他，也许看到我真的生气了，吴青不再狡辩，坐在沙发上怔怔地看着我。

"你给我站起来，你没有坐着的资格。"我一声呵斥，他"嗖"的一下从沙发上弹了起来。从他的神情动作看，他害怕我了。

然后我说："今天我不想跟你深谈，你气我个半死。"没想到的是，刚才还"气宇轩昂"的吴青突然开口给我说了一句话："老师，对不起，我错了，你别生气。"

有了台阶，我顺势而下。"关于今天作弊的事和上次课堂上怼老师的事，你回去好好想想，等你想清楚了再找我谈，咱们新账旧账一起算。"我让他回去上课了。

我想我必须要给他家长打个电话，先下手为强，不能等到他回家给家长"告我的状"，否则，他一定会避重就轻，说老师训斥他了，那样家长一定会很生气，我也就很被动了。

在电话中我告诉吴青父亲："吴青作为体育特长生，很注重为班级争得荣誉，集体观念很好，我对他的期望值很高，而且也作为特长生重点培养。没想到这个孩子最近很自负，上课不服管教，公然顶撞老师。今天历史科考试又夹带小抄作弊，被老师发现。我跟他谈话讲道理，他认为是老师的错，老师故意为难他，和他过不去，这让我非常失望！我今天挺生气，他不但不承认自己的错误，还在办公室跟我理论，我很生气，就训斥了他。我觉得不管学习成绩如何，不管体育水平多高，对孩子的培养首先要教会他做人，考试作弊是我最不能原谅的。希望你们家长理解，我这也是爱之深，恨之切！"

"没事，老师，我完全支持你。考试作弊还不承认，这不是会不会的问题，这是道德品质的问题，这和大街上的小偷没什么区别。我觉得老师你做得对，谢谢您今天帮我教育了他，晚上回家后我再和他聊聊，这种丢人现眼的事绝不能让他再出现！"家长的观点和我一致，而且我也把事情的经过和孩子的态度告诉了家长，向家长表达了对孩子的认可和期望，让家长切实感受到老师对他孩子的关心和关爱，切身感受到老师所做的一切都是为了孩子，为了孩子的健康成长。如果是通情达理的家长，一定会理解支持老师的。

"老师我还有个建议，从明天开始停止他体育训练两个星期，必须让他认识到这个问题的严重性和恶劣程度，否则他会更加不服管。如果认错态度不好，对问题认识不深刻，停训无限期延长，我们可以接受他学习不好，但一定要让他首先学会做人。"吴青父亲提出了进一步处罚孩子的建议，我也表示同意。

第二天，吴青耷拉着脑袋到办公室找我，交给我两份认错书。一份是上课怼老师的认错书，一份是考试作弊的认错书。我让他自己把认错书交给李老师并当面向老师认错，并要求他自己给自己写一份认错书，读给自己听，他照做了。

孩子的教育必须要有家长的参与和支持，我们不期待家长每一次都参与对孩子的教育和转变，但在关键时候，我们必须要引导家长与班主任站在同一条战线上，并肩携手教育转化学生。所以，当我们因为心情急躁没有控制住自己而"打了一巴掌"的时候，一定要抢得先机，抢在孩子给家长"告状"之前，第一时间与家长进行沟通，站在对孩子非常喜欢、对孩子严格要求、教会孩子做人、担心孩子学坏、为孩子未来负责、害怕他走邪路等角度，把发自内心的对孩子的爱护与关怀的那份情感和期盼传递给家长，把那颗"甜枣"喂给家长，家长一般会理解并支持班主任工作的。

家庭教育　先教家长

——做一个能"镇住"的班主任

现在很多家长在教育孩子的问题上步入了迷途，他们不注重孩子的教育，只关注孩子的成绩；他们不注重孩子良好习惯的培养，却机械性教孩子学习。

莫言说："每个人从生下来最早接受的就是家庭教育，受到影响最大的也是家庭教育，这种教育有言传有身教，甚至我觉得身教重于言传。"每一个问题孩子的背后都潜藏着一个"问题"家庭和"问题"家长，这是我一直秉持的一个观点。但是很多家庭和家长们却意识不到这一点，或者说从内心里他们是不愿意承认这一点的。孩子养成习惯不好，很多父母将缘由推到学校和老师身上，或者推到自己孩子身上，唯独把自己的责任撇得一干二净。一旦孩子在学校犯了错误、有了问题，家长们第一时间就会追究老师和学校的责任，认为是老师不负责、没能力、不会教，而不反思自己的家庭教育问题。

我曾在办公室遇到过一位其他班同学的家长。因为孩子在学校不断出问题，引起任课教师和其他同学们的极度不满。班主任便将这位家长叫到办公室一起探讨关于孩子管理与教育问题，结果家长很不耐烦地对班主任说："老师，孩子教育是你们应该管的事，我们家长文化程度不高，又不懂教育，关于孩子的教育你不能老是找我商量，这样也严重影响我的工作和生活。"这是家长的原话，说话间表现得极不耐烦又不尊重。

我本来在一旁备课，他们的谈话也与我无关。但家长突然提高嗓门的"咋呼"让我有点听不下去了。

我说："家长，你说的没错，教育是学校的责任，但你要知道对孩子教育最重要、最关键的是家庭和家长。文化程度不高不是教育不好孩子的理由，你工作忙不是你不管孩子的理由。班里很多家长文化程度也不高，也都工作很忙，但是他们教育的孩子有品行、懂礼貌，还爱学习。即便是你认为孩子的教育是学校的事，那也需要你们家长密切配合，而不能把孩子送进学校就万事大吉。三年之后学校会归还给你一个怎样的孩子，与你们家长的配合和教育有直接的关系。"

我给他举了个医生和病人的例子。我说："一个人生病到医院就医，希望医生能够给他治好病。但是我们首先要弄清楚几个问题。第一，生病是病人自己造成的，而不是医院和医生造成的。你得了什么病，与医院和医生没有半点关系，你总不能把因病而生的痛苦和责任转嫁给医生和医院吧。第二，医生是在帮助病人诊疗疾病，病人及家属应该完全配合治疗。能不能治愈，除了医生的医术医德外，更重要的是要看病人的疾病状况以及病人和家属的配合程度。如果病人得的是重疾，且不积极配合医生和医院的治疗，纵使医生有千般医术也无济于事。对于'问题'学生的教育转化就如同医生救治病人一样，学生出现这样那样的问题，病根在家庭和家长，而不在学校和老师。学校和老师只是在帮助你们教育转化孩子，如果你们家长不配合，孩子自己不配合，老师纵有千般教术也无济于事，因为教育不是万能的。"

我想必须要"镇住"这样满脑子胡搅蛮缠、歪理邪说的家长，否则他不但不配合学校和老师的教育，反而会"唱反调""拉偏套"。

待我说完后，家长的态度缓和了许多，不再像刚才那样着急上火，也承认了在孩子教育过程中存在的问题。家长说，因为忙于工作和生计，平时疏于对孩子的陪伴与关心，导致孩子与父母的关系越来越疏远，越来越紧张。从初二开始，这个孩子就出现了叛逆现象，与家长作对，不愿意与家长沟通交流。

所以，我认为，对孩子的教育首先应该教育家长，把家长当成"另类"学生，利用一切可以利用的机会对家长开展专题教育。通过必要的教育，化解家长与老师之间那"不可调和"的矛盾，把家长争取到学校和老师的统一战线上来，形成教育孩子的"同盟军"，让家长配合学校和老师一起完成对孩子的教育和管理。因为只有懂教育的家长才能教育出受教育的孩子，只有优秀的家长才能成就优秀的孩子。

每次开家长会，除了布置完成学校和年级要求的常规内容外，我都要准备一个家长培训的专题小讲座。讲座内容主要包括"如何应对青少年学生的叛逆?""怎样当着孩子的面评价老师?""如何培养孩子的好习惯?""孩子上学后你该干点啥?""孩子为什么不懂得感恩?""怎样与孩子进行有效沟通"等。设计类似问题主要是考虑到家长在家庭教育的这些问题上存在一定的"盲点"和误区。孩子出现叛逆不知道怎样应对,一味地训斥、挖苦、讽刺,甚至拿自己孩子的缺点与别人孩子的优点做比较,致使孩子总觉得低人一等,一无是处。家长越是这样"攀比",孩子就会越"仇视"家长,导致孩子与家长成为"仇人"。

有的家长不与孩子进行深层次的有效的交流和沟通,不懂孩子在想什么,不知道孩子在做什么。一旦孩子在学校出了问题,家长会以工作太忙、时间太少或不懂教育为由为自己开脱,基本认识不到家庭因素和自身原因对孩子产生的负面影响。当老师帮助家长分析问题产生的根源和家庭教育的缺失时,家长往往不认同老师的观点,把责任一股脑儿地推给学校和老师。有的父母甚至把孩子教育的责任推给爷爷奶奶、姥姥姥爷等人,把自己的责任撇得干干净净。

我在兼任级部主任时,有一个班的一名学生因为在学校反复出现问题,且屡教不改,让班主任老师很是头疼。因为父母都在潍坊工作,这个孩子从小就跟爷爷奶奶生活在一起。从上幼儿园开始,孩子的生活起居和上放学接送都由爷爷奶奶全权负责。十几年如一日,爷爷奶奶尽心尽力照顾着孩子,父母只在周末和节假日回来后与孩子有一个短暂的美好时光。都说隔代亲,这个家庭也不例外,爷爷奶奶对这个家中唯一的大孙子那是"捧在手里怕掉了,含在嘴里怕化了。"基本属于"一条龙"服务,十分溺爱,舍不得管教。因为缺乏科学的教育观念和隔代亲情的天性,老人对孩子的教育基本就是满足、放纵和娇惯,导致孩子越来越"以自我为中心",慢慢地孩子"疾病缠身",问题暴露出来。孩子越大,问题爆发的就越多越突出,解决问题的难度就越大越持久。

终于,这个孩子又出问题了,班主任老师给家长打电话时赶巧父母双方从外地回到了济南。班主任就让父母来学校一起商讨孩子教育问题。结果,不一会儿工夫,我就听见隔壁办公室吵吵嚷嚷杂乱的声音,还没等我判断出个子丑寅卯,班主任老师就带着家长来到我办公室,很委屈很生气地给我说:"李主任,这个孩子不断出现问题你也知道,我本来想和家长好好沟通一下孩子的教育问题，结果家长认为都是学校的问题，都是我的问题。这样吧，我把家长交给你，你看怎么办，我是不知道该怎么办了！"可能是这个孩子频繁犯错的原因，也或者是孩子父母态度不好，班主任在和我说话时情绪比较激动，两位家长的表情也很傲慢。说完后班主任老师回了自己办公室。可我不完全清楚这个孩子这次具体犯了什么错误，班主任与家长之间的沟通交流到底出了什么岔子。

我问家长："刚才就听你们吵吵嚷嚷的，是因为什么呢？我们的目标都是一样的，都是为了教育好孩子，说说看到底是什么事？"

孩子的母亲开口说话了，但她没有直接回答我的问题，没有告诉我孩子犯了什么错误，也没有说明与班主任争吵的具体原因，却满腹牢骚地数落起了孩子的爷爷奶奶。

孩子母亲说："老师你说我该怎么办啊？说心里话，我现在特别后悔当初把孩子交给他爷爷奶奶照顾。他们不怎么教育孩子，光惯着孩子，给孩子惯了一身臭毛病，现在都这么大了，还怎么给他改正这些臭毛病啊。哎，真是后悔死了……"孩子的母亲一边说着，一边抹泪。

听她这样一说我却有点不愿意了，还没等她说完，我便打断了她的数落。

我说："你们觉得孩子的爷爷奶奶没有教育好孩子，那你为什么不自己照顾和教育孩子呢？"

"我们在潍坊工作，平时回不来，根本没法照顾。"她说了第一个"理由"。

"那为什么不把孩子带到你们身边啊？"我问。

"带到我们身边也是没人照看，还需要请保姆，但觉得保姆照顾还是不太放心。"她说了第二个"理由"。

"那你们为什么不辞职或者把工作调到济南，在济南一边工作，一边照顾孩子多好啊！"我继续问。

"辞不了职，如果辞职回到济南，还得重新找工作，而且工作很不好找。至于说调动工作，那就更不现实了。"她说出了第三个"理由"。

"那么，说来说去，孩子由爷爷奶奶照顾就是最佳选择，对吧？"我问他俩。

"嗯！只能这样，实在没有别的好办法。"夫妻俩都点点头，表示无可奈何。

我说："孩子从上幼儿园开始，到现在进入高中，爷爷奶奶十几年如一日无怨无悔地给你们照看孩子,到头来得到的却是你俩的埋怨,你们两个不应该挑剔和埋怨老人。他们没有必需的责任和义务帮你们照顾孩子,只是出于亲情和帮扶你们的原因,两位老人才替你们分担生活和工作的压力。在孩子教育方面,老人的能力和水平就这样,他们不懂如何教育孩子,不懂怎样与孩子谈心,不懂怎样弥补长期缺失的父爱和母爱。他们只知道把自己全部的爱毫无保留地投给孩子,给孩子吃饱穿暖,让孩子健健康康,让你们安心工作,期待你们幸幸福福,他们有错吗?两位老人辛辛苦苦给你们把孩子带大,换来的却是你们的指责和埋怨。请问,你有什么资格埋怨老人?你有什么资格说老人惯坏了孩子?孩子目前存在的问题不是爷爷奶奶惯出来的,也不是孩子天生自带的,恰恰是你们俩不管孩子造成的。"我给两位家长说这些话,就是要让他们知道,父母才是家庭教育的第一责任人和长情陪伴的导师。

"你刚才说了好几个理由,在我看来,那根本就不是理由,充其量是你推脱问题的借口而已。孩子成长过程中最需要的就是父母的陪伴和不能缺失的父爱与母爱,这是别人无法代替的,可惜你们没有意识到这一点,而且到现在都没有意识到。所以,我告诉你,孩子今天出现这样那样的问题,绝大部分责任在于你们夫妻俩,而不是你们认为的爷爷奶奶,也不是班主任和学校。"

孩子的父亲低头沉思,一言不发。孩子的母亲蹲在地上呜呜大哭,一边哭一边念叨说:"我真的欠孩子太多太多了,是我自己没有尽到一个母亲应尽的责任,是我耽误了孩子。"

等孩子母亲的情绪稳定后,我叫回了班主任老师。我们坐在一起心平气和地商量孩子的教育问题,为孩子制订了有针对性的、可行的教育方法和转化策略。我把莫言的一个观点分享给了家长:"有些人可能会说,有那么多的父母大字不识一个,不也教育出好孩子吗?其实,文盲并非不会教育,这些父母同样是教育孩子的高手。"父母双双表示,无论今后工作有多忙,距离有多远,一定要克服困难多陪伴孩子,一定积极配合学校和老师做好孩子的教育转化工作。

在家长和班主任老师的共同努力下,学生之前的那"一身臭毛病"在一点点减少,有些好习惯也在一点点养成。后来,再谈起这名学生时,班主任老师对他的评价更多的是赞扬和肯定,少了很多牢骚和抱怨。

孩子的问题是一面镜子,能折射出家庭问题和家长问题。当孩子出现问题时,有些父母习惯于把问题怪罪到学校身上,怪罪到老师身上,怪罪到孩子自己身上,就是不愿意反思自身问题和家庭问题。这就需要我们积极引导家长加入学校教育管理和陪伴学生成长的过程之中,而不能让其游离于教育之外。通过对家长的教育培训,使其首先学会尊重教育、尊重老师。只有家长懂得了尊师重教,才能当好孩子的第一任老师,才会端正态度,以身示范,也才会自然而然地教育和感染孩子的行为。

"急病"快治　快刀斩麻

——做一个"快手"的班主任

作为班主任,在班级管理中,我们要对班级突发事件做到未雨绸缪、防患于未然,必须在平时的教育管理中加强对学生的针对性教育。但是,即便是防范等级再高,防范意识再强,也很难避免始料不及的突发性事件的发生。所以,班主任在做好针对性防范的同时,还应该具备一些对突发事件的针对性应对措施以及合理的处理办法。

学生的突发事件如同医院急诊病例,虽说"急病需要快治",但"快治"不等于"乱治",作为接诊"医生"的班主任老师必须要有足够的"定力和克制力",做到遇事冷静,保持理智,切不可因生气、愤怒而失去理智,乱了方寸。否则,不仅不利于事件的处理,反而会进一步激化矛盾,使简单问题复杂化。首先,要调查清楚事件的起因,弄明白事实真相,做到心中有数。其次,要坚持公平公正,以事实为依据,不偏袒、不歧视、不武断。最后,站在教育为本的角度上,寻求有利于解决问题的有效途径和合理办法,妥善处理好班级管理中的各类突发事件。

课外活动课,男生在体育委员的带领下去操场打篮球,我在办公室备课。突然,七班的一名同学急急火火地跑到办公室找他班主任说班里有同学被打了。他班主任问是谁打的,那名同学说是一班的五名同学打的。听到"一班的""五名同学",还在一旁自认为"事不关己,高高挂起"的我,像审天猴一样"嗖"地一下从椅子上站起来,拔腿就往操场跑。到操场后,发现被打的那名七班的男生T恤衫后背已经被撕破一大片,但没有明显的外伤。我班打人的那五名同学知道有人去报告班主任后已经作鸟兽散,不见了踪影。我与七班班主任详细询问了被打男生的身体状况后,决定先通知其家长,一起带孩子去医院看看有没有其他受伤的地方。经过医院拍片、CT等一系列检查,医生告知我们并无大碍,我与七班班主任悬着的心算是稍微放下了一些。只要孩子身体没有大的伤害,问题的处理就相对比较简单了。

回到学校后,我和七班班主任分别向当事人详细了解了事情的起因和经过。原来,在打球时,因为我班一名男生防守动作过大,彼此引发口角,七班男生不服,拿起篮球狠狠地砸到了我班男生的头上。我班其他男生看到本班同学被砸,就一起动手打了七班男生。对于事件的起因和经过,两个班的同学和旁观者的描述都是一致的。事情并不复杂,一方先动手,另一方一起动手,双方都有错误。了解清楚事实真相后,我和七班班主任分头做思想工作。

我极力让自己保持冷静和镇定,因为我清楚,事情已经发生了,此时此刻就算是把他们一人踹两脚、打一顿,也于事无补,挽回不了已经犯下的错误,而且可能让情况更为复杂。我把医院检查诊疗结果和医疗费单子摆在他们面前,告诉他们万幸的是被打同学身体没有大碍,否则他父亲就选择报警,那样的话,你们现在都应该在派出所接受处理,而不是由我来教育你们了。我问他们五百多元的医疗费怎么办? 他们低头没有一个人说话。在对他们进行了必要的教育,让他充分认识到自己的错误后,我让他们各自回了家,并要求他们回家后第一时间把今天的事情告知家长,让家长分别给我打电话。

晚上,我分别接到了五位家长打来的电话,他们对孩子犯下的错误表示非常抱歉,希望学校给孩子们一次改正的机会。家长也表示一定配合学校做好孩子的教育工作,避免类似事情再次发生。我分别给五位家长强调了事情结果的万幸和万一失控后的严重性,作为成年人,家长其实也都很明白。为了让此次事件得到快速彻底解决,不留任何后患,我要求五位家长第二天到学校与七班孩子家长见面,当面给对方家长表示歉意。

第二天一早,双方家长都到了学校。在家长接待室,我和七班班主任首先安排几个孩子见了面,让他们对昨天的行为彼此认错,征得对方原谅。经过一晚上的“消化”,孩子们已全然没有了昨天那股子冲动劲儿和怒气了,见了面都抿着嘴笑,脸上写满了歉意。他们彼此拥抱,相互说着“对不起”,化解了矛盾,相约下周课外活动重新举行篮球赛,彼此重归于好。

因为都是成年人,又都是为人父母,家长见面的氛围更是比较轻松。都对自己孩子鲁莽打架表示歉意，尤其是我班五名家长向被打的七班学生家长道了歉。大家都觉得孩子正处于青春期，年少不懂事，因一时冲动才发生这样的事件也是比较正常的。他们更关心的是不要因为这次打架再衍生出第二次打架事件。所以，几位家长都表示要教育和管束好自己的孩子，给孩子做好思想工作。最终几位家长在共同承担了五百多块钱医疗费的同时，每人又多给了一百元，算是对孩子的补偿。我又把孩子们叫到了家长接待室，当着家长的面孩子们又分别认了错、表了态。

　　事后，我从别的学生那里了解到，其实七班的孩子已经纠结了几名社会人员，准备在第二天晚上打群架。正是因为我们的及时调解和彼此相互认错道歉，加上家长们的相互会面，才避免了事态的进一步发展。试想，如果打架事件发生后，我们班主任不进行及时处理，不及时化解矛盾，不及时消除孩子和家长心中的"恩怨"，一次普通的学生打架事件极有可能会演变成打群架，酿成大祸。所以，学生中一旦出现类似突发性事件，作为班主任不要慌张，也不必大发雷霆，但必须要引起足够重视，不能拖、不能等，"特事需要特办"，"急病需要快治"，用最短的时间化解最初的矛盾，平复事态，以免造成更为严重的恶性事件。

"慢病"缓治　事缓则圆

——做一个会"慢炖"的班主任

班级管理中有些问题的出现让班主任"猝不及防"，而有些问题却是"老生常谈"的。比如上学迟到、上课睡觉、自习课说话、不交作业、逃避值日等等。这些问题虽说不严重，但却让班主任很闹心。而且，有的学生在一些慢性问题上已经成为"老油条"。即使对他们进行反复说教，甚至是惩罚教育，有些"问题"学生却依然我行我素、油盐不进，俨然一副"我不吃你这一套"的架势。

事缓则圆，事急则乱。学生突发问题属于"急病"，必须最快解决，不能拖延、不能等待。但对于一些"慢病"，就需要"缓治"，不能过于急躁，而要耐得住性子，静心"把对经脉，开好药方"，用"中药慢慢调理"，用"文火慢慢熬炖"。

作为班主任，我们不能指望通过一两次教育就能转化"问题"学生，也不能因为一两次的失败而放弃教育，听之任之，任其"自生自灭"。因为有些问题的形成绝非"一日之功"，如果通过一两次说服教育或者强制手段就能转化这类"问题"学生的话，那也就谈不上是"问题"学生了。正是因为他们的问题具有反复性和顽固性，所以才需要我们班主任在教育转化的过程中做到反复抓、抓反复，切不可抱有"药到病除"、立竿见影的急功近利思想，必须要做好打持久战的心理准备。

周越就是我班一名典型的"慢性病""患者"。他属于中性性格，不太张扬也不太内向。高一刚开始时并没有发现这个孩子有什么特别之处。国庆节之后，随着天气慢慢变冷，周越出现了早晨上学迟到现象。有时候迟到几分钟，有时候迟到半小时左右，有时则踩着铃声冲进教室。起初并没有太引起我的重视，只是通过说服教育和惩罚劳动加以"修正"他的迟到行为。每次批评教育时，周越也很配合，总是很诚恳地承诺以后不再迟到。但每次的承诺总是那样的苍白,他的迟到还是依旧,而且迟到的频率越来越高,到校的时间也越来越拖后,这引起了我的警觉。我个人觉得,学生迟到,一般与家庭生活有比较密切的关系。我决定坐下来与周越交谈一次,试图详细了解一下他目前的家庭状况和生活习惯。

我问周越迟到的原因是什么,他倒挺诚实,说就是因为赖床,每次闹钟响过后总想再睡一会儿,结果就睡过头了。周越告诉我,他家本来是农村的,为了让自己有一个比较好的学习生活环境,小学还没毕业时,他便跟随打工的父母一起来到了济南。后来,因为姥姥生病,他母亲又回农村老家去照顾姥姥了,他便跟着父亲一起生活在济南。他父亲是一名出租车夜班司机,爷俩这一天24小时,基本都见不到一次面,所以他的生活起居完全靠自己。在我向他了解他的家庭基本情况时,他也基本明白了我的用意。于是,他很自觉地向我保证,从下周开始不再迟到。他果然没有食言,按照我们俩的约定,他每天都能在早读前10分钟左右到教室,我也很及时地在班里对周越的坚持给予了充分肯定和表扬。可是好景不长,这样的良好状态大约保持了十天左右,他又开始"重复昨天的故事",再一次迟到。我问他怎么又迟到了,他给我说的原因和经过,让我哭笑不得。

周越告诉我,为了不再迟到,他把手机连接到了他家的音响低音炮上,每次闹钟一响,低音炮的声音会直接把他从床上"震起来",再无睡意。可就是因为声音太大,影响了周围邻居休息,被邻居打110举报了。警察到他家核实了情况,并要求他拔掉数据线,不能影响邻居休息。就这样失去了低音炮的叫醒服务,他又开始迟到了。

我觉得周越从主观上并没有故意迟到的意思,迟到只是因为缺少父母的督促和自己的懒惰赖床导致的。只要有人监督,进行必要督促,我想他应该能改掉这个毛病。于是,我决定对他进行尝试性改变。

我问周越起床闹钟是几点,他告诉我是5:40。我说从明天开始,每天早晨5:40我准时给你打电话,我来做你的闹钟,你不要关机,也不要静音,咱俩打完第一个电话5分钟后,我再给你打一次电话。他腼腆地笑了笑,接纳了我的建议。第二天早晨,我准时给他打去了电话,告诉他马上起床。过5分钟后我再打去电话时，他说他已经起床了。就这样，一周多的时间，我持续为他提供电话叫醒服务，这一周多他也没再迟到。

一周后，我问他如果电话叫醒时间再提前 5 分钟行不行，他毫不含糊地说"行"。我们就把约定的时间提前到了 5:35，他到校的时间也更早了。两周后，我又和他商量想把时间再提前 5 分钟，他还是同意了。最终，我们把起床时间固定在了 5:30。后来，周越说每天打电话太浪费我电话费，心里过意不去，不再让我给他打电话了，他说自己应该能自主起来了。我还是有点担心他赖床起不来，我们就采取了折中的办法。每天早晨按照约定时间我给他打去电话，但电话只响不接。就这样，我与他约定的电话叫醒服务一直持续了 7 个多星期的时间，周越就已经完全养成了按时起床的习惯，一直到高三毕业，偶尔因雨雪天气原因之外，周越从未迟到，都能按时到校。

"一年之计，莫如树谷；十年之计，莫如树木；终身之计，莫如树人。"树木的成长尚且需要时间，而一个人的成长则需要比树木更长久的陪伴与等待。在解决学生"慢性病"问题时，我们班主任一定要定住性、稳住神，弄清楚问题产生的根源在哪儿，尝试走进学生内心，走进学生世界，带着关爱学生、理解学生、改变学生的真实情感，一点点调整，一步步改变。"精诚所至，金石为开。"当学生真正从内心深处感受到老师的关爱、理解和真诚后，他一定会尝试去改变自己，完善自我。

慎请家长　多打"报告"

——做一个会"融通"的班主任

很多班主任在班级管理和学生教育转化中爱心有余，但方法不多，总有一种恨铁不成钢的挫败感。感觉自己掏心掏肺对学生好、为班级好，但学生就是不听话、不领情，反而与班主任叛逆，对着干。

这样的结局对于班主任来说会很容易产生一种"我本将心向明月，奈何明月照沟渠"的无奈感。有些班主任承受不了这样的"打击"，积极性和自信心一点点被消磨，时间久了班主任就会产生倦怠感。我认为，出现这种情况，固然有学生层面的原因，但更重要的原因恐怕还是在班主任身上。

其中一个原因就是班主任太"无能"。我见过有些班主任很喜欢"请"家长到学校。无论事大事小，也不问青红皂白，只要学生犯了错误，班主任摸起手机就给家长打电话，"请家长"到学校处理孩子的问题。

有一次我去一个班上课，有一名学生站在教室门口。我问他为什么站在门口，他说犯了错误，正在等家长。我问他犯了什么错误，他说早晨上学迟到了。因为要着急上课，我也没再多问。

进了教室，我给学生说："你们看看，平时不遵守纪律，班主任把家长请来，多麻烦啊！"

"老师，俺班主任别的不会，就会找家长。"我这一说不要紧，班里的学生却炸了锅，他们争着抢着说。

从学生的口气中我听出了他们对班主任的不满，听出了他们对班主任的调侃，听出了他们对班主任请家长这种教育方式的不屑，听出了他们对班主任的嘲讽。这个班主任是一名入职时间不长的新老师。很显然，他已经在学生心目中失去了基本的信任和尊重，频繁请家长不但没有解决问题，反而使问题更加复杂化。

还有一位班主任，是位老教师，但她的班主任经历并不长。她班有一名学生因为上课经常睡觉,她一次次把孩子的父亲请到学校。又一次,这位班主任把这个学生的家长请到了学校。在办公室,班主任和家长还没说上几句话,家长却突然"发飙"了。

家长说:"老师,如果你连孩子上课睡觉的问题都不知道怎么教育的话,我觉得你不适合当班主任。两个星期的时间,你这已经是连续第五次把我叫到学校了,我也有我的工作啊,我不能天天这样任你摆布啊! 实在不行,你把我孩子开除吧,这样你就省心了。"

还没等班主任反应过来,家长"发完飙"头也不回地走了。是啊,虽说家长态度很不好,但站在家长角度来看问题的话,他说的也有一定道理。如果我们换位思考,我们孩子的老师这样频繁地叫我们去学校,我们会是怎样的感受。

曾有一段网上流传的视频,视频播放的内容是一名徐州的家长给老师送锦旗的片段。锦旗上写的是"教啥啥不会,叫家长第一名",其实这种极端的行为背后除了家长不能很好地理解学校和老师之外,班主任老师的工作方法也存在一定问题。

学生出了问题,需要家长配合,这是家校共育所必需的。但是,把家长叫到学校,这不是解决问题的唯一办法,也不是最好办法。有的班主任叫家长似乎有"瘾",在处理"问题"学生时,会频繁把家长叫到学校。只要学生犯了错误,不分事情大小,不管青红皂白,第一想法就是给家长打电话,把家长请到学校来。从某种程度上说,这是一种推卸责任的做法,有时候不但不利于问题的解决,反而会使问题更加复杂化,矛盾更加激烈化。

所以,我认为,除非孩子在学校出现严重问题,否则我们不要轻易把家长请到学校来。因为频繁地请家长,让学生心理上产生抵触情绪,觉得班主任太"无能"了。也会给家长造成很大影响,因为家长也有自己的工作。

班级事务虽说繁杂紊乱,但是,学生问题的处理我们需要本着教育转化为本的大原则,讲究方式方法,讲究教育的技巧性和实效性。无论学生出现什么样的问题,作为班主任,我们都要思考如何用最有效的方法教育引导学生,并将教育转化结果和效果通过一定方式传递给家长,多给家长打打"小报告",与家长进行深入沟通,以此赢得家长的支持与配合。切不可"一退六二五",把家长叫到学校,把责任推给家长。这样的做法其实是在人为制造矛盾,而不是有效化解矛盾。

反弹琵琶　自揭己短

——做一个会"护短"的班主任

总结多年的班主任经验，我发现，学生打架斗殴事件都是由一些"鸡毛蒜皮"的小事引起的。有时，一句话的言语冲突、一个不经意的眼神、一次偶然的碰撞都有可能引发两个人之间的打架甚至是更多人参与的打群架，进而有可能演变成校园暴力事件或校园欺凌。现在的中学生，好像不"骂人"就不会聊天说话，同学之间正常交流时，经常会"口吐芬芳"、满嘴脏话，传统的"国骂"和具有地方特色的"地域骂"张嘴就来。即便是通过主题班会进行文明养成教育和提醒，学生也只是略表悔改之意，事后依然我行我素。正是学生之间"骂人"的脏话，让说者无意，听者有心，不经意间就会引起对方的反感或反驳，进而引发打架斗殴事件。

有一次英语课刚下课，学生准备大课间跑操，班长跑进办公室说许野和尹文打架了。我冲到教室，发现两人已经被英语老师和同学们拉开了，但是两人依然怒目圆瞪，情绪亢奋，骂骂咧咧。看到我来了，两人立刻闭了嘴，不再对骂，准备站队去跑操。我让体育委员带队去操场，单独留下了许野和尹文，把他俩叫到办公室。

进了办公室，两个人的情绪依然非常激动，我让他俩说说事情的起因和经过，两人都不说话，许野更是紧握拳头，咬牙切齿，恨不得马上抡起拳头就给尹文一拳。尹文倒是没有愤怒的表情，只是抖动着一条腿，面带轻蔑的微笑"含情脉脉"地挑衅着许野，随时准备迎接许野的挑战。我一看这架势，两个人的情绪还没有平复下来，依然沉浸在刚才的"亢奋"之中。我觉得不能让他俩在办公室继续"冷战"，于是我决定让他俩去操场跟随大部队跑操，我想通过跑步释缓一下两个人的冲动情绪和紧张局面。我要求他俩跑操结束后再回到办公室来把事情交代清楚。

因为去晚了，他俩没有插进队伍原来的位置中，而是并排站在了队伍的最后面。他俩跑步时，我在操场边上默默地关注他俩的一举一动，我担心他俩跑着跑着再发生口角、产生冲突。大课间跑操结束，体育委员整队带回教室，他俩按要求返回了我的办公室。我并没有立刻返回办公室，有意在操场逗留了大约10分钟，我想给他俩一点自主消化的时间和空间，因为我相信，"自我免疫"战胜"疾病"总比"请援兵"战胜"疾病"要更加有利有效。

等我回到办公室时，他俩已经站在那里，只是没有了之前的剑拔弩张，恨不得一口吃掉对方的架势了，反而是有点不好意思地咧着嘴，傻傻地看着我笑。前后短短20分钟，两个人的情绪和态度发生了180°大转弯，办公室其他老师都觉得两个人的转变有点突然。我想，正是20分钟的跑步起了作用，跑出了汗、跑走了胸中的愤懑、跑出了青春大男孩该有的灿烂微笑和阳光之气。我看时机已成熟，就让他俩分别说说事情的起因和经过。

许野说："上英语课时，尹文斜着身体，歪坐在椅子上。每当老师提出问题时，他不管会不会，总是抢着回答，不给别人机会，显得自己很有能耐似的，而且很随意、声音很大，完全不顾他人感受，严重扰乱课堂纪律，每节课都这样显摆自己，我很看不习惯。之前我还提醒过他不要这样显能，他不但不听，反而还瞪我。所以，下了课，我就走过去和他理论，结果就打起来了。"

等许野说完后，我问尹文他说得对不对，尹文说："对，但也不对！"他说："今天英语课我回答问题时他让我闭嘴，别咋呼，我没理他。平时上课时我确实喜欢回答问题，但没有一个老师说过我因为回答问题而扰乱课堂纪律。他平时上课不认真听讲，专挑别人毛病，研究别人缺点。而且，他课下也这样，总是一副"管家婆"的德行，看不惯这看不惯那的，只要不合他的意思和心思，他就不高兴，找别人碴。他不光看不惯我，挑我的事儿，也经常看不惯班里其他同学，也挑别人的毛病，特别让人反感。"

我听他俩这么一说，那真是"公说公有理，婆说婆有理"。避重就轻，专挑别人的缺点相互攻击，把自己的错误和责任推得是一干二净，甚至根本就没有认识到自己的问题和不足。刚才的跑步只是起到了舒缓情绪的作用，但真正改变两个人对问题的认识,还需要从改变对自己的认识开始。

我说:"刚才我听到的都是你俩对对方的剖析和认识,我觉得不论发生怎样的矛盾冲突,两个人都有不可推卸的责任和问题,因为一个巴掌是拍不响的。根据你俩的陈述来看,问题都出在了对方身上,自己都是受害者,应该得到可怜和同情,对吗?"他俩低头不语。

"不管是打架,还是其他错误,作为你们的班主任,我都能接受。因为你们只有在不断犯错误和走弯路的过程中才能学会成长,学会改变。但我不能接受的是,犯了错误后把责任全部推到别人身上,把自己撇得干干净净,把别人当坏蛋,让自己装好人。这样的思想不但没有认识到自己的错误,反而是错上加错。如果之前的打架是因为冲动和头脑发热所致的话,那么,现在的错误就是冷静后故意逃避责任的表现。二者相比,不能正确认识自己问题的错误比打架的错误更严重、更可怕。我能接受你打架惹事,但我瞧不起你不敢担当;我能接受你挑别人毛病,但我瞧不起你不能正确认识自己。"

我说:"你俩说起对方的缺点时头头是道,但问题的解决需要从自身找原因。如果认识不到自身存在的问题,不能正视自己的缺点,你们心中的隔阂与愤懑是消除不了的。现在请你俩分别找找自己的缺点,也找找对方的优点。"我随手分别递给他俩一张纸,要求他俩分别找出自己的 10 个缺点和对方的 10 个优点。我想通过这种"反向教育"方式,让他们"挖掘"自身的缺点和不足,自己给自己"揭揭短、扬扬丑"。只有敢于"揭"自己之"短",善于"觅"他人之"长",才能以他人之长,补自己之短。

"1. 经常爆粗口。2. 爱多管闲事。3. 脾气暴躁,情绪比较激动。4. 喜欢武力解决问题。5. 手贱、嘴贫。6. 自大、自负。7. 放大别人缺点。8. 某些事上小心眼。9. 喜欢起哄。10. 爱开过分的玩笑。"这是许野找出的自己的 10 个缺点。

"1. 喜欢自以为是。2. 不善于考虑别人的感受。3. 上课经常大声咋呼,影响别人听讲。4. 上课坐姿不端正,太随意。5. 嘴碎,爱说话。6. 固执,听不进别人劝解。7. 容易冲动,不会谦让。8. 喜欢与别人争执。9. 做事不利索,喜欢拖沓。10. 没多大能耐,但还喜欢显摆。"这是尹文给自己找的 10 个缺点。

"1. 热爱班集体,为班级争荣誉。2. 性格直率不回避、不隐瞒。3. 性格中性,不主动惹事。4. 尊重老师和同学。5. 作为学生干部,责任心比较强。6. 在班里与同学关系好,开玩笑一般不生气。7. 每天放学后自己主动默默地打扫教室卫生。8. 待人热情大方,不与别人攀比。9. 独立能力强,能吃苦。10. 代表学校参加军训展演,为他骄傲。"这是许野给尹文找出的 10 个优点。

"1. 关心班级,集体观念强。2. 有正义感。3. 有时做事会为他人着想。4. 对待老师和同学有礼貌。5. 喜欢被表扬和认可。6. 善于帮助别人。7. "路见不平,拔刀相助"。8. 讲究卫生。9. 性格开朗,积极阳光。10. 热爱劳动,积极肯干。"这是尹文给许野找出的 10 个优点。

无论是自我剖析出的 10 个缺点,还是给对方找出的 10 个优点,都很客观,很贴切。看过他俩写的优点和缺点后,我给尹文说:"今天你最应该感谢的人就是和你打架的许野,他之所以提醒你,与你理论,说明他的心里有你。他把你当成他的好同学、好朋友,这说明他很在乎你,也很认可你,否则他才没工夫理会你呢。正是因为在乎与认可,所以他才会反复提醒你,甚至不惜冒着处分的危险和你激化矛盾。你要知道他这是在帮助你,而不是在冷眼旁观、嘲笑你。因此,我认为你要接受这份兄弟情谊,珍惜这份同学友爱,你要感谢他,感恩他。"

给尹文说完后,我问许野:"你的出发点是想帮助尹文,而不是挑他事儿,对吧?"

"是啊,老师,我俩平时关系挺好的,我觉得他上课经常这样,既影响同学们听讲,也影响老师上课,关键是也影响他自己的形象。我怕时间久了同学们会疏远他,笑话他,所以就提醒了他几次,结果他还是没改,今天就没忍住,冲动了。"听了我的"解读和反问",许野这下可算找到"台阶"了,顺势就下了台阶,而且还表现出一副助人为乐的好人形象。

"老师很认可你喜欢帮助别人的这种可贵品质,但是今天你在课堂上大声呵止尹文的行为也很不恰当。你觉得他影响了同学们听讲,扰乱了课堂秩序,你不觉得你这大声呵斥,更是火上浇油吗?而且下课后你又冲到他面前,又推又搡找他理论,但你不觉得在同学面前更加丢人了吗?所以,你的出发点是好的,这个老师肯定,但你的处理方式太过于冲动了。你推搡尹文好几次,人家尹文始终没有跟你动手,说明在他心里也很在乎你,他也把你当作好朋友对待。

按照你俩的身板,如果真的打起架来,你根本不是尹文的对手。那么他始终保持克制而没有动手,说明他不想把事情闹大,不想在同学面前丢人而让同学们看笑话,更不想让你难堪。所以,对于这样的好兄弟和好同学,你也应该心存感激和感恩。"

给许野说完后,我又问尹文:"你当时保持克制而始终没有动手,是不是也是出于这样的考虑啊?"

"是啊,老师。我们俩的关系平时确实挺不错,这个同学们都知道。他之前确实也提醒过我几次,但我都没在意。今天他突然爆发,我知道他要发脾气了,所以我就尽量保持克制,让着他。如果我俩真的打起来了,同学们会怎么看我们俩呀,太丢人了。"我也给了尹文"台阶"下,他也表现出一副善解人意的好人形象,踩着"台阶"顺势而下。

学生发生打架事件后,往往都是自己很有理,错误全是别人的。在给老师"交代"事件的起因和经过时,总会避重就轻、把责任推给对方。就算是经过班主任的调节和教育,矛盾双方握手言和,那也只是表面"和解",但在内心深处其实并不服气对方,甚至把愤懑埋在心里,不久的将来会再次爆发。所以,我觉得要想完全消除后顾之忧,必须要让双方认清自己的问题,揭开自己的短处,发掘对方的优点,接受对方的长处。在处理这类问题时,班主任决不能偏袒任何一方,要站在中立的角度上,站在"双方彼此友好,把对方当朋友"的角度进行引导和教育,从"根儿上"清除他们内心产生愤懑的"毒瘤",完全化解彼此的怨恨,引导他们由"揭人之短"变"揭己之短",由"仇人"变"友人"。

这次打架事件圆满解决后,我召开了一次微班会,班会的主题为"不打不相识"。在班会上,两名同学分别做了"揭己之短""觅人之长"的认错发言,向全班同学鞠躬表示了歉意。我给全班同学讲述了两名同学"互帮互助、友善互勉"的打架经过,对全班同学进行了集体教育。因为,虽说通过"反弹琵琶,自揭己短"的方式解决了冲突,教育了当事人,但是矛盾冲突对班级造成的影响并没有消除,如果不在全班进行及时交代和教育,这种事件造成的恶劣影响可能会继续蔓延。我要通过主题班会教育全体同学吸取教训、学会克制、学会交往,教育同学们如何正确避免摩擦、化解矛盾、消除隔阂;我要教育同学们学会包容与帮助,教育他们不因一件事而"看扁"甚至孤立一个人,教育他们学会帮助别人认识错误,改正错误;我还要通过主题班会"清扫"班级不正之风,打造良好的班风和学风。

我曾说过,学生无论犯什么错误,对学生的教育转变不能仅限于对当事人自己。仅限于对个体当事人的教育改变,那是监狱的工作模式。而学校教育必须要做到通过对个体同学的教育引导,最终实现对全体同学的教育警示。

水不端平　爱憎分明

——做一个有"棱角"的班主任

从理论上来讲,管理需要公平与公正,班主任应该对所有同学都"一碗水端平"。对待学生不偏心、不袒护,在制度、奖惩和机会面前"人人平等",做到一视同仁,以弘扬和传递班级正能量,营造健康积极的班级氛围。这不是一个"该不该"的问题,毫无疑问,一碗水本该端平。但在每个班集体中,都存在着诸如学习、品行、习惯、守纪、班级贡献、责任意识、团队合作等不平衡的现实问题。表现好的学生理应得到更多的褒奖,表现不好的同学理应给予更多的"修剪",这是无可厚非的事。况且还存在男女生差异,尖子生和后进生差异,性格差异等现实差别。所以,在班级日常管理中要不要"一碗水端平",需坚持具体问题具体分析,不可一概而论。也许"一碗水不端平",做一个"爱憎分明"的老班,"区别对待"不同学生,恰恰有利于解决一些不好解决的问题。

作为班主任,要想在日常班级管理中做到"一碗水不端平",就不能因循守旧地过于追求所谓的"公平与公正",而是需要"区别对待"不同类型的学生。"区别对待"的内涵实质其实也就是我们所强调的"因材施教"。比如,在男生和女生的教育引导和批评转化中,就应该"一碗水不端平"。因为男生与女生在心理承受能力、对问题的思考接受程度、性格脾气等方面都存在很大差异,他们身上所呈现出来的问题也不尽相同。那么,班主任在班级工作安排、谈话交流、思想引导、批评转化等教育方式方法上应该有所侧重。比如值日安排,一些劳动强度相对较大的室外劳动,需要更多地安排男生去完成。而女生则侧重安排一些室内扫地、擦讲桌、擦窗台等劳动强度较小的任务。在教育转化的过程中对男生的教育要"狠"一点,因为男生普遍"脸皮厚",抗压能力比女生强。而对女生则要以谈话交流和思想引导为主,教育方法要更加灵活、更加"柔"一些,因为女生心思比较"细腻",脸皮薄,抗压能力较弱,尺度把握不好容易引发其他问题。

再比如说,在对待学生违反校纪班规的问题上,班主任同样应该做到"不端平一碗水"。面对学生同样的违纪问题,我们要区分学生犯错误的次数和频率,要做好记录,做到心中有数。在同一问题上,如果是第一次犯错,可以通过谈话交流、正面引导的方式询问原因、了解实情、查看后果,给予必要的警示,从轻"发落"即可;但对于在同一问题上的"累犯者",班主任要清楚其违纪的频次,逐一罗列出每一次违纪事实,帮学生"回忆"他在这个问题上的点点滴滴,然后采取必要的惩戒措施予以"严惩",开"猛药"予以根治,否则,量变积累到一定程度定会引起质变。

还有比如在学习的要求和管理上同样不应该"一视同仁",而要做到"不端平一碗水"。学习能力强、学习成绩好的尖子生犹如橄榄球的一端,对于这部分学生群体,在课堂效率、作业数量和质量、考试试题难度等方面应该有更高的要求和标准,切不可以中等生和后进生的标准要求这部分学生,否则,他们会因"吃不饱""吃不好"而慢慢"变瘦",久而久之就会滑落于中等生行列。

中等生是橄榄球的中间部分,这部分学生在班里占比最大。他们属于"墙头草随风倒"型的,标准和要求的变化,都有可能使其倾向橄榄球的任何一端。所以,对于中间生,切不可用后进生的标准要求他们,班主任应该把握好"风向标",采用"疾风劲吹"的方式积极引导他们以尖子生为榜样标向和追随目标,鼓励他们树立学习信心,激发他们的学习潜能,帮助他们提高学习能力,慢慢向尖子生靠拢,倒向尖子生一边,以壮大优等生队伍。

后进生是橄榄球的另一端,这个群体的学生在自我约束力、学习力、课堂表现力等方面与尖子生和中等生都存在一定差距。对他们的标准和要求不能与中间生和优等生一样,否则会严重挫伤他们的学习积极性,触痛他们在学习中的敏感神经,伤害那本就比较脆弱的学习自尊心和自信心。给他们在学习上的标准要适当降低,就如摘桃一样,让他们踮起脚尖或者蹦起来就能摘到,体会到成就感、幸福感和获得感。

在班级管理中,作为班主任,不一定非得追求"一碗水端平"。在实际工作中尝试用"一碗水不端平",区别对待不同类型的学生,这不是歧视和不公,恰恰是"一把钥匙开一把锁",也才是真正的因材施教。

明辨是非　张弛有度

——做一个明"是非"的班主任

"爱"是教育的真谛和源泉,因为"爱"能拉近师生距离,也能化解彼此矛盾。但是,哲学上讲,矛盾是推动事物发展的源泉和动力。所以,我们在强调以"爱"育人的同时,也不能忽视"憎"的教育作用,当然这里所说的"憎"并不是对学生的"恨"。

我在班级管理中的具体做法是,从不拿学生的优点掩盖其存在的问题,也不拿学生的错误抹杀他的优点。错了就是错了,错了就要受到批评、承担责任甚至要受到必要的惩罚;对了就是对了,对了就应该及时给予表扬和肯定。即便是在很短的时间内对与错交替出现,也要做到"爱憎分明"。这样,既有助于学生明辨是非,传递正能量,也有利于和谐班集体建设。

陈力是我班体育委员,热爱体育运动,平时对工作认真负责,班级意识也很不错,在班里人缘也是很好的。高一发展团员,经过团员同学、任课教师和班主任分别投票打分后,陈力被推选为一名入团积极分子。结果出来后,全班同学对新入选的三名入团积极分子送上了祝贺,同时,我也对他们三人进行了叮嘱,提出了要求。我嘱咐他们要以一名团员的标准严格要求自己,模范遵守校规校纪。我要求他们不断克服自身存在的缺点和问题,更加刻苦学习,更加团结同学,热爱班集体,在班级要起模范带头作用。他们三人也分别做了表态发言,并希望同学们监督自己,多给予帮助。

但是仅仅过了三天,课外活动课时,陈力就在阅览室看书时因为一本书与其他班一名男生发生矛盾,进而动手打了那名同学。见证了矛盾发生全过程的阅览室老师给我讲述了事情的起因和经过。原来,陈力去阅览室看书时,寻找一本曾经看过的书,但是,那本书已经被别的同学先拿到了,于是他就要求那名同学把书给他看。那名同学告诉他那本书自己也看了一半，没看完，想继续看。结果两人一言不合，陈力就动手打了那名同学。阅览室老师让我去阅览室领人，我把他带回了办公室，回到办公室时他也意识到自己太霸道、太自私，表示想给那名同学道歉认错。

我告诉陈力打了别人，道歉认错是必须的，但你要为你的错误行为承担责任，付出代价。教育完他后，我带着班级团支部书记去找学校团委书记，我们达成一致意见。作为一名刚被同学和老师推选出来的入团积极分子，仅仅过了三天就发生打架事件，他的行为严重违反了校纪校规，应该取消他的入团积极分子资格。回到教室后，我向全班同学宣读了学校团委和班级团支部关于撤销陈力入团积极分子资格的处理决定。

我告诉同学们，我无法接受一个前脚刚被老师和同学们推选为入团积极分子，后脚就违反校纪校规打架的同学。因为我是一个"爱憎分明"的班主任。陈力之前虽然做得很好，表现优秀，老师和同学们都看在眼里，也得到了大家的信任和尊重。但是，今天他却违反校纪校规，犯了错，就应该承担相应责任，为自己的行为付出代价。希望同学们引以为戒，好自为之。

班级日常管理需要差别对待，更需要班主任明辨是非。对学习好的同学和学习不好的同学不能一样；对表现好的同学和表现不好的同学不能一样；对班级贡献大的同学和贡献小的同学不能一样；对男生和女生在教育方法上不能一样。鼓励、表扬表现好的同学，提醒、批评表现不好的同学；善待后进生，引导中等生，激励尖子生。

在面对不同"问题"学生和学生的不同问题时，作为班主任，我们一定要弄清楚是非，把握好标准，"该爱的就爱，该恨的就恨"，要为自己掌控好尺度，具体问题具体分析，避免眉毛胡子一把抓，做到"爱憎分明"，以保持班级管理的公平和公正。

从"心"开始　走近学生

——做一个能"合群"的班主任

对于班主任这个角色，曾有过很多定位和不同认识。班级管理者和设计师、学生成长的引领者、最小的主任、班级工作的协调者……除了这些角色，我认为班主任还应该是这个班级的一名"学生"。作为班主任，无论是带起始班级，还是中途接班，都应该首先学会做一名合格的"学生"。学习如何尽快融入班集体，成为这个集体中的一员；学习如何与班级不同学生进行有效沟通；学习如何应对班级突发事件；学会如何帮助困难学生摆脱困境；学习如何协调任课教师与学生之间的关系……在所有应该学习的"科目"中，班主任最先应该学会的就是如何尽快融入一个新的班集体中，如何靠近学生，走进学生。

班主任融入班级的速度是快是慢，融入的广度是宽是窄，融入的深度是深是浅，将直接影响班主任对所在班级的把控力度和班集体凝聚力、向心力的形成。很多班主任在班级管理中表现得很累很疲惫，他们可谓是费尽心血、殚精竭虑，为学生操碎了心、愁断了肠，但学生就是不买班主任的账，不认可甚至不尊重班主任。究其原因，我认为主要有两方面。

一是因为班主任没有树立起自身的权威。说到班主任权威，很多人认为班主任的权威就是那种高高在上"黑着脸、瞪起眼"的严肃和严厉，其实不然。我在讲政治课的时候，关于政府权威的两句话让我受到了启发。"政府的权威，是指政府在社会管理和公共服务过程中形成的得到人民认同的威望和公信力。""区别一个政府有无权威的标志，是政府的管理与服务是否被人民所认可和接受。"我把这两句话引申到我的班主任工作中，我觉得"班主任的权威就是班主任在班级管理和服务中形成的得到学生与家长认同的威望和公信力。""判断一个班主任有无权威的标志，是班主任的管理与服务是否被学生和家长所认可和接受。"班主任的权威是由扎实的专业知识、高尚的人格品位和强烈的管理服务意识做铺垫而树立起来的被学生和家长普遍认可的威望和信任。

二是因为班主任与学生的"心"距太远,没有"走进"学生,没有真正融入班集体之中。瑞士教育家裴斯泰洛齐曾说:"从早到晚我一直生活在他们中间,我的手牵着他们的手,我的眼睛注视着他们的眼睛,我随着他们流泪而流泪,我随着他们欢笑而欢笑。"所以,班主任想要真正融入班集体中,必须要把自己当作学生中的一名"学生",从早到晚与学生生活在一起,先试着靠近学生,再尝试走进学生心灵,给予学生渴望得到的关心与呵护,把对学生的"情与爱"融入自己的灵魂,也融入学生的灵魂,用爱心与真心夯实班级管理的情感基础,只有这样才能赢得学生的信任和认同。

经常听到很多教育者倡导"走近学生,与学生打成一片"的师生关系理念。可是我认为,班主任要真正融入一个班集体,与学生打成一片,不能仅仅"走近学生",更应该"走进学生"。"走近学生",我们可以看清楚学生,但我们所能看到的只是学生的外在和形象,让学生"接收"老师;"走进学生",我们可以读懂学生,我们看到的则是学生的内里,让学生打心眼里"接受"老师。学生就是一本书,每本书中都饱含有许多悬念丛生、跌宕起伏的故事情节,这就需要我们静心品读,更需要我们用心精读,而不能只是泛读。只有静心品读,用心精读,我们才有可能读懂学生;浮皮潦草,我们只能看到大概,而读不懂内涵。只有读懂了学生,才可能与学生"心心相印",也才有可能教育转化学生,把与学生的"近距离"变成"零距离"。

在班主任生涯中,我做起始年级班主任和中途接班几乎是对半分的。无论是哪种情况,我都尝试让自己尽快融入班级中,尽快"走进学生"。

其一,开好第一次班会。第一次班会是班主任与学生的正式见面,就像两个陌生人第一次见面一样,举手投足、谈吐说笑,彼此间都会留下不同的第一印象。可能因为彼此喜欢对方而使两人的距离进一步缩短,也可能因为彼此"不太对眼"而就此"各行其道"。所以,新班级组建的第一次班会是班主任与学生互留第一印象的一次正式见面。我们暂且不谈学生会给班主任留下什么样的印象,但就班主任来说,我们一定要给学生留下尽可能好的第一印象。留给学生的印象越好，越容易被学生接受和认可，也就越容易融入班集体。

所以，班主任与学生的初次见面一定要有亲和力，要有微笑，把自己从管理者的架子上暂时"卸下来"，与学生做一次"伙伴"和"同学"。多一份温情，少一点官腔；多一些交流，少一点命令。

我的第一次班会我都是拉一把凳子坐着，拿一个本子和一支笔。除了必需的任务安排之外，我不讲"听而生畏"的校纪校规，不讲"冰冷拔凉"的制度规范，不急于施展"下马威"，也不急于"踢出前三脚"，而是以拉家常的方式与学生面对面交流、心与心碰撞。

我的班会备课本上有我班会课备课的内容，也有我的各种故事。我向学生介绍我的性格脾气，介绍我的爱好特长，讲述我曾经的大学生活和工作经历，讲述我的美丽故乡，讲述我初到济南的印象，讲述我送入大学校园的毕业生的现状，讲述我喜欢的球星和球队，讲述学生曾经让我感动的瞬间，讲述我内心向往的美好生活……也许班主任这些讲述中的哪一条就能激起与学生的共鸣。你一边讲述，学生一边"对号入座"。也许你的性格爱好与他相似，也许你的大学生生活令他向往，也许你们喜欢的明星是同一个人，也许他也想给你一个感动的瞬间，也许他就是你讲的济南故事中的主人公……他们或哈哈大笑，或抿嘴微笑，或小声交流，或大声说"老师，我也是"，就在这谈笑间，悄然地，他们给班主任"相了面"，也拉近了班主任与这些"陌生"面孔之间的距离，来到了他们跟前，"走进"了他们心中。他们对班主任性格爱好有了初步了解，他们对班主任的过去、现在和将来有了一定了解，他们能初步感受到班主任是一个什么样的人。

我也会鼓励学生讲述他们的故事，讲述他的初中生活和喜欢的老师，讲述他的家庭环境，讲述他对爸爸妈妈的爱，讲述他在初中时被感动的人和事，讲述他所向往的大学的模样，讲述他的理想和追求的目标……他们有的三言两语，依然羞涩内敛；有的则侃侃而谈，全然一副老朋友之间熟络的开怀和大方。我需要从他们的讲述中挖掘我需要的信息。比如他们的爱好特长与性格特点，他喜欢的老师的类型，他的家庭环境与家教氛围，他的集体观念，他的学习意识等等。我鼓励更多的同学发言讲述，鼓励他们讲述得更多一些、更广一些，因为

"言多必失"，我要通过他们的讲述"搜集情报"，发掘有价值的"线索"，为我下一步班级工作开展做好准备。

有一次带起始年级，我在开班会时卖关子问学生咱们班有多少人，同学们几乎异口同声地说45人。我摇摇头略做停顿，表现出疑虑的神情，然后转身在黑板上写下了"45+1"。我说："同学们说的不对，咱们班应该是46人，大家应该算上我，而不应该把我抛弃，我也是咱们班的一员，也是一名'学生'，有些东西我需要向你们学习，有很多你们掌握了的知识我不一定懂，希望大家不吝赐教哦!"我的一番话让同学们略有迟疑后又不免开心微笑。把自己当作学生，当作班级的一员，我用主动求教的姿态靠近学生，慢慢"拆解"横在班主任与学生之间的那道天然屏障，不让学生觉得班主任就是那个高高在上的"冷面警察"，而是一个比较幽默、比较平和的朋友和"同学"。

其二，点名求学套近乎。每次拿到学生新名单时，总有几个学生的名字里面有生僻字，不知道该怎么读。这时候很多班主任为了避免点名时因读错名字而尴尬，都会提前通过查阅弄清楚正确读音。而我却恰恰相反，我不但不提前查阅弄清楚生僻字的读音，反而会故意找出两三个假装不会读的名字，然后在点名的时候请教学生正确读音。

有一名学生叫"袁汧"，"汧"这个字我不认识，点到这名学生的时候我停顿了一下，"袁什么""三点水加一个'开'字"。我说我不认识。

一名男生站起来，说："老师是我，我叫袁汧(qiān)。"

我说："对不起，老师真不认识你的名字，这个字有什么特殊的寓意吗?"

袁汧说："老师，我家祖籍是甘肃的。据我爷爷讲，我老家有一条河叫'千河'，古代叫'汧河'，发源于我的老家甘肃省，流经陕西省入渭河。我家长给我起这个名字的寓意就是让我始终铭记我的祖籍是甘肃，不要忘了祖先和根脉。"

我说："太好了，你不但让老师认识了一个生字，还让我懂得了这个字的寓意，学到了新的知识，更让我在你名字的寓意中受到了教育。"

就是在这一问一答中，让我成了他的壁报栏文章《我的老班》中的主人公。也就是这一问一答让学生看到了老师"知之为知之，不知为不知"的谦虚态度，知道了老师也不是百科全书。让他感觉到这个老班不但不高高在上，反而有点和蔼可亲，容易接近。

　　教育家陶行知曾说过："教师的部分生活也是学生，不愿拜小孩子做先生的人不配做小孩子的先生。"老师和学生做同学，愿意放下身段请教学生知识，对老师来说更容易融入学生群体，融入班集体；对学生来说也是一种成就和激励，有利于形成好学好问的班级学习氛围，也有助于推动和谐班集体建设。

　　军训时有一名男生因为天热出汗，后背过敏起了很多红疹子。我问他以前有没有出现过这种情况，他说是皮肤过敏，有过很多次了，出汗多了就会这样。我建议去医院检查一下，他说经常这样，不用去医院，抹点药就好了。我问他需要抹什么药，他告诉我药物名称后我去药店买了药，给他涂抹在了后背上。第二天一早，他拿着52块钱来找我，说他家长知道这个药的价格，让他把钱还给我。我没有收学生的钱，并且告诉他："你能给老师提供一次为你服务的机会，老师应该感谢你。如果你家长觉得心里过意不去，那就把药放我这里，算是我买的，如果班里再有其他同学需要用药时，就从我这里拿着用，用过后再放我这里，你看这样行不行？"他同意了。后来的一段时间，那个药也被他慢慢用完了。

　　就这样，看似都是一些不值一提的小"伎俩"，但却能"收买"学生的心。就是这些小"伎俩"，它能拉近你与学生的距离，使你靠近学生，"走进"学生，融入班集体。当你真正取得了学生的信任和认同的时候，他就会从内心认服你，就会无条件支持你的工作，时时处处维护你，"抬举"你，他们也会"一心向班"。作为班主任，我们要学会用心"笼络"学生、"收买"学生，让自己一步步"走进"学生，把自己一点点融进班集体，形成班级建设最坚实的基础和最强大的团队，这便是我们经营好一个班级最富有的资本和财富。

晓之以理　去忧存优

——做一个会"开导"的班主任

　　班里出问题的学生并不仅仅是老师眼中的那些"问题"学生。有些平常很"安分守己"的优秀学生偶尔也会给你"冒个泡",做出一些匪夷所思的事情来。对于这类学生的错误,班主任在教育转化时一定要掌握好尺度,把握好分寸。如果手法太狠,不仅不利于教育转化,反而有可能打击学生自信心,挫伤学生自尊心。

　　有一天晚上我在家吃饭,值班晚自习的王老师给我打电话说我班两名女生不见了。要说其他任何一名学生我都相信,但要说这两名女生找不到了,说实话我真的不太相信,因为这俩孩子一个是我的班长李小月,另一个是年级第一的尖子生苏云。俩孩子平时都属于"遵纪守法"非常自律的孩子,更别说"逃课"找不到人的这种重大问题了。王老师说,已经上报值班领导,正在发动同学们在校园寻找,但能确定的是她俩没有出学校,这让我稍微有点放心。我觉得事情重大,决定返回学校去看看究竟。结果我刚下楼,王老师又打回电话来说找到了,不用让我再返回学校了。

　　第二天,我找两名女生了解情况。苏云说:"晚自习上课前,我从茶水炉接完水后恰巧碰到王老师也去接水。王老师接完水回到教室后就说我把茶叶残渣倒在了茶水炉台子上,堵住了下水口。我给老师解释我不喝茶水,茶叶残渣不是我倒的,而且还把我的杯子给老师看了,但老师不听我解释,还说我缺少教养,没有素质。我觉得很委屈,就和老师顶了嘴哭着跑出了教室。可能担心我出事,老师就让班长出来找我。后来我和班长就去了实验楼大厅,想在那里坐一会儿,冷静冷静后再回教室,没想到老师到处找我们俩。"我相信苏云说的话,因为她平时确实不喝茶,班长也证实茶叶残渣确实不是苏云倒的。

我说："老师相信茶叶残渣不是你倒的，王老师确实错怪了你，让你受了委屈，这是老师的不对，我先替王老师给你道歉，也希望你能原谅王老师。"我首先从心理上对她进行了宽慰。

"不不不，老师，我也有错。我不该耍小孩子脾气，使小性子从教室跑出来，更不该跑到实验楼躲起来，让学校领导和老师们为我俩着急。我和班长已经说了，一会儿去找王老师道歉。"苏云也认识到了自己的错误。

我继续引导："类似这种不被别人理解，甚至是被冤枉和误会的情况，在一个人的人生成长过程中会遇到很多，但我们不能因为被误会就这么任性。问题的解决有很多种途径和方法，但是你却选择了最极端和最不正确的方式。你这样做不但没有解决问题，反而使问题更加复杂。你当着全班同学的面和老师理论，这是很不理智、很不礼貌的表现。王老师虽然错怪了你，但是你跑出教室后老师又担心你，让班长去找你、陪着你，你看看王老师多为你担心啊，要记住以后可不能这么任性。"

"老师我错了，当时太冲动，没多想就和王老师狡辩。我一会儿给王老师认错。"苏云低着头，也认识到了自己的任性对老师、对班级造成的伤害。

我继续引导她，我接着说："如果我们被别人误会了，其实并不需要'针锋相对'地去辩解，事实就是事实，不辩自清。你可以下课后到老师办公室给老师说清楚，如果老师还不理解的话，你还可以给我说呀，我出面去给老师解释。这样的方式是不是会更好一些，总不至于把你和老师都置于尴尬的境地吧。"

"老师，我知道了。我以后一定注意，再也不做这样冲动、这么任性的事了！"苏云说。

我接着说："还有就是，你在接水的时候发现有人把茶叶残渣倒在了茶水炉台上，如果你能伸手把残渣清理了，不但不会发生后续的误会，而且还是一件值得称赞的好人好事啊！你们要记住，有些事可能与我们无关，但我们不能因为'事不关己'就'高高挂起'而选择'冷眼旁观'，伸一伸手，也许我们收获的就是被尊重和赞扬。"

我给班长李小月说："作为班长，王老师让你出来找苏云，是因为你是班长，也是老师最信赖的同学。结果你不但没把苏云找回去，还把自己给弄丢了，你这是'肉包子打小狗狗——有去无回'啊！即便是苏云想静静，你也应该第一时间回去告诉老师，别让老师为你俩担心啊！"听到我说"小狗狗"，她俩"噗嗤"一下笑了，气氛也随之轻松了许多。

我想把谈话尽量放置在一个相对轻松和平等的氛围中进行。所以，我并没有劈头盖脸地训斥她俩，而是带着微笑，带着师生之间彼此的尊重与信任，我一点点进行引导。引导她俩认识到自身的错误，从错误中吸取教训，学会成长；引导她俩学会尊重，学会怎么与他人进行有效沟通。

教育转化学生，我们不能搞"一刀切"，而要做到因材施教。对于自律性比较好的学生，我们无须过多"费口舌"，只需动之以情、晓之以理，把道理讲给学生，让学生知晓错误，接受错误，改正错误。老师重在"说理"，帮学生解忧，学生旨在"明道"，促使自己进步。

先扬后抑 有效引导

——做一个会"整顿"的班主任

在班级建设与经营中,有的学生集体意识很强,时时处处想着维护班集体荣誉和利益。但是,在维护班集体荣誉和利益的过程中,有的学生因不能很好地把握"火候"而做过了头,往往一不小心就把事态引向反面,好心办了坏事。

有一次开运动会,我班男生在 4×100 米接力比赛交接棒时因受到其他班级同学阻挡而失去了本该到手的第一名。当时,体育委员找裁判申诉,但是结果已无法更改。运动会结束准备离场时,我班一名男生杨常看到政教处吕主任正好经过我班队伍,他立刻跑过去,再次向吕主任申诉。在得到"结果已无法更改"的答复后,杨常突然对着政教处主任"发飙",当着全校师生的面大声地与吕主任理论。我一边赶快让班长他们去把杨常拉回来,一边让体育委员带同学们回到教室。回到教室后,我立刻召开了一次微班会。

我观察了一下全班同学,或许是累了,也可能是还没有从失望中完全走出来,大部分同学表现得无精打采,比较沉闷,可能都在等着我发火训斥杨常。

我说:"来,我们全班同学一起为杨常鼓鼓掌,他是好样的。"所有同学都用诧异的眼神看着我,都认为我说的是反话,没有一个人敢带头鼓掌,生怕火上浇油,惹我更加生气。

我需要先肯定杨常的做法是为了班级荣誉和利益。我要赞扬他的这种意识,赞扬他敢于维护班集体荣誉的这种精神。我继续说:"我很赞成今天杨常的表现,他冒着受处分的危险与吕主任理论,不是为了他自己的利益,也不是因为他受到了什么损失。他是站在了维护班级荣誉和利益的角度,在为咱们这个班鸣不平。他觉得班级荣誉和利益受损了,他应该有责任去争取,因为他是班级的一员。所以,我觉得我们应该为杨常这种团队精神和集体意识鼓鼓掌,我希望咱们班每一名同学都应该向他学习,都应该维护班级荣誉和利益。""哗……"

教室里响起雷鸣般的掌声,同学们欢呼着、尖叫着,相互议论着……

　　等他们"发完了疯",静下来,我开始引导他们。我话锋一转,接着说:"但是,我又要严肃批评杨常,我觉得你今天表现得太不冷静了,做得太不对了,太过分了。我们已经因遭受了不公正待遇而使班级利益受损,受到了一次伤害,而你这样一闹,我们又遭受了第二次伤害,班级形象再次受损。作为一名学生,你当着全校师生的面与吕主任理论,你连最基本的尊重老师都没有做到。运动场上,我们遭受了不公正待遇,全校师生都看到了。但是我们不能因为遭遇不公正待遇就这样'大闹天宫'吧,这是最愚蠢、最不可取的做法。很多事我们觉得不公平、不公正,但很多时候我们要学会接受这样的结果,这是一种能力,更是一种素养和成熟。"

　　我告诉同学们:"杨常的出发点是好的,他是为了班级利益,这点值得肯定,所以我让大家为他鼓掌。但是他的行为太冲动,对老师造成了伤害,对班级造成了伤害。我希望同学们引以为戒,遇事冷静沉着,学会理性思考,理智应对,只有这样,你才能让自己更加成熟,更加优秀。"

　　事后,我单独找到吕主任赔了不是,给他简单介绍了杨常这个孩子的脾气性格,汇报了微班会对杨常和全班同学的引导和教育。吕主任也赞同我的处理方式,他告诫我,青春期孩子在头脑发热的时候容易冲动,而且他们的这种冲动可能是不计后果的,遇到这样的学生不能"硬碰硬",而要给予合适的教育和正面引导。第二天,杨常也去向吕主任道了歉,得到了老师的原谅。

　　对于这类学生的教育转化更多地需要进行正反两方面引导。我们"扬"学生,并不是纵容学生这样的做法,而是肯定学生尊重班级的这种集体意识。我们"抑"学生,也不是压制学生维护班集体荣誉的积极性,而是通过引导,让学生认识到自身行为所存在的问题,帮助学生"整顿"问题,纠正错误。有班主任曾经问我说:"李老师,你经常说要对学生多一些引导,我也尝试着做了,但是效果总是不好。你认为什么是引导? 怎样才能对学生进行有效引导?"我告诉这位班主任,我理解的引导就是要顺着学生的思想,肯定学生的出发点,用鼓励的话去化解学生心中的压力,用肯定优点的方法改正学生的缺点,慢慢地把你的思路一点点渗透进去、移植进去,让学生认识到自己的问题,知道怎么去纠正自己、成长自己,这就是有效引导。

无为而治　放宽管理

——做一个会"偷懒"的班主任

"在家靠父母，到校靠老师，出门无依靠。"这是现在很多学生的真实写照。父母在家做"保姆"，老师在校当"保姆"，尤其是在班主任角色中，这一现象表现得更加突出。班级管理中，有的班主任事无巨细，面面俱到。从早晨开始，一整天的时间，除了正常上课，其他时间全部"泡"在教室里，盯在教室里，不停地指指点点、唠唠叨叨。有的班主任，凡事都要亲力亲为，很喜欢冲在前面，身先士卒，与学生之间不分你我。有的班主任不管做什么工作，都喜欢"大包干"，班干部形同虚设，更别说责任分工了，不放心学生，不放手学生，唯恐学生做不了、做不好。到头来把自己累得够呛，班级管理却没有多少成效。

多年的班级管理经验告诉我，适度装作一个"懒汉"班主任，甩甩手、偷偷懒，反而会收到意想不到的效果。当然我所说的"懒"是有度的，不是懒而不管的消极无为态度，而是懒而有效的方法技巧的运用。如何做一个合格的"懒汉"班主任，我觉得应该从以下几个方面"懒"起来。

一"懒"，"懒"得去管理。做班级管理上的"懒汉"，首先要有完善合理的班级管理架构和成熟的管理体系，并且要形成管理习惯。我的班级管理模式一般分为四级，即班主任、班长、各委员、小组长和科代表。作为班级工作的一级管理者，班主任要对班级的运行把好脉、掌好舵。班级重大事项由班主任策划与决策，因为学生的能力和阅历尚不能达到对班级管理的宏观把控和总体规划，但这并不影响班主任"偷懒"。比如，班规的制订，我只是按照班级管理总体思路和规划制订出总体框架，然后召开主题班会，让学生充分参与班规制订，站在自身个体与班级群体两个角度去思考和琢磨每一条每一项规定对班级运行与个人成长的约束规范和激励作用。学生参与班规制订，本身也是对学生自我的一次德育教育过程，让他们在制订班规的过程中体会到遵守班规的重要性，从遵守班规的过程中学会自我管理、自我教育和自我服务，班主任只是做好必要的引导、补充和完善即可。

在班级管理中，班长处于"一人之下，万人之上"的地位，每天诸如卫生值日、作业收交、自习课请假以及班级日常简单事务的安排处理等，一般由班长负责管理。各委员的产生也是由班主任和两名班长权衡商议后任命产生。学习小组长、卫生小组长和各科科代表的产生班主任不再参与，完全由班长领衔各相关委员与任课教师商议产生。每日需要处理的班级小事务，我会写一张单子交给两名班长，由他们去具体分组安排落实。作为三四级的各委员、小组长和科代表，按照班长每日安排和布置，依据班规规定和要求去落实每一项具体工作。班主任无须事必躬亲，只需扮演好"总管"角色即可。

二"懒"，"懒"得去教室。班主任与任课教师不一样，任课教师可以在有课时才进教室，班主任则要勤去教室，多与学生接触，观察学生、走进学生、了解学生。但是，如果班主任去教室太过于频繁，不仅不利于观察和了解学生，更不利于走进学生，反而会引起学生的反感和排斥。如果学生一旦摸透了班主任去教室的时间和规律后，可能会有意隐藏问题，潜伏起来，不易被发现。我们有的班主任几乎每节课都会在教室后门踮起脚尖瞧一瞧，每个课间都会背着手去教室转一转。这样的做法在一定程度上会挤压学生的空间和自由，让学生不得不因为班主任的到来而时刻有所"戒备"，有所"收敛"，总感觉生活在被老师监控和打扰的世界里。

作为班主任，走进教室转一转、看一看是必须的，但不能去得太频繁、太勤快。什么时候去比较合适，我认为要把握好几个关键的时间节点。同时还要去得出其不意，让学生摸不着规律。比如早晨学生到校时，班主任必须要去，去了解一下学生出勤情况，观察一下学生精神状态；自习课要去，去看看学生自习课学习状态，评判一下自习课学习效率；午间时分要去，去了解学生午餐用餐情况，组织学生午休；放学时间要去，去送走每一名学生，叮嘱学生离校回家时注意道路安全问题，关闭门窗，静班；任课教师和学生反映比较集中的课堂要去，去观摩老师授课情况和学生听课状态。其他时间，班主任要尽量少去，如果去，必须是出其不意地去。少去，是给学生一定的空间和自由，让学生有一个能相互倾诉、彼此玩耍的时间。给学生一定的处理个人事务的时间和空间，让学生自己放放松，解解压。不要时刻把学生攥在手心里，时间长了会把学生"捏"变形。出其不意地去，是不能让学生摸透规律，不能让学生因为知道班主任要去而有所隐藏和潜伏，通过出其不意的"突访"，发现学生没有来得及隐藏的班级问题。

三"懒"，"懒"得多说话。有的班主任不分时间、不分事件、不分场合，看着不舒服，张嘴就咋呼，看见什么说什么，什么时候看见什么时候说，不会"藏一藏、掖一掖"。一开始，学生可能还能装作听一听，但是时间久了，学生直接就会屏蔽你的唠叨，你说你的，我干我的，互不干涉。

我的做法是，班主任走进教室一定要少说、多看、勤记，把自己在教室里的所见所闻及时做好记录，以一周时间为一个节点，然后把记录下来的问题进行分类归纳，看看哪些问题出现的次数多，频率高，哪些问题只是偶尔出现。出现频次较高的问题一般是主要问题，班主任要抓住重点，集中力量解决主要矛盾。对于偶尔出现的问题，班主任只需做好必要的提醒和强调，有效化解问题就可以防患于未然。

四"懒"，"懒"得搞活动。有的班主任比较头疼学校组织开展的各类活动。因为学生对活动的参与性不强，积极性不高，即使经过班主任几次动员，学生仍然无动于衷，不能完全调动学生的积极性和参与性，致使班主任无计可施，勉为其难。在活动的组织开展方面，我的做法是在活动开展前召开一次动员会，在总结前期活动的基础上，肯定同学们取得的成绩和优异表现，大肆表扬一批积极参与、敢于表现、勇于争先的活跃分子。对在活动中没有获得名次和没有得到表彰的同学要给予足够的认可和激励。本着"人人为我，我为人人"的原则，站在班级利益和集体荣誉的角度，充分调动每一名学生"主动请缨"的热情和兴趣，渲染气氛，营造声势，采用一切办法尽可能动员学生，让学生在主观上愿意参与，行动上积极参加，愿意为班级争取荣誉。然后，安排班长和相关班干部去完成活动的组织与开展工作，班主任无须过多插手。

比如运动会，我在组织召开运动会动员班会，动员完学生后，剩下的工作交由体育委员根据运动会方案完成报名、选拔、项目分配和组织参赛等工作。作为班主任，我只做一名合格的观众和指导者，不具体掺和整个运动会流程。尤其是组织报名阶段，其他班级因为没人报项目而发愁，我班却因为报名人数太多而发愁，甚至有学生找到体育老师，要求增设项目或取消报名限制。学生的情绪一旦被调动起来，班主任挡都挡不住。

再如班级文化建设，我成立了班级文化建设小组，由团支部领导，团支部书记总负责。每次班级文化建设我都会按照学校总方案提出我的设想，然后告诉班级文化建设小组放手去做，大胆创新。如果感觉做得不称心如意，可以撤掉重新设计，重新制作。因为只有在一次次的失败中才能总结出经验和教训，只有经历了不满意，才能收获满意。整个班级文化的设计、规划和制作我基本不参与，完全由学生自主完成。信任学生，放手学生是学生做好一项工作的基本条件。当然，布置完成后，我会对内容进行审核和检查，以防出现原则性问题和知识性错误。

五"懒"，"懒"得教学生。班级有些工作需要班主任手把手教，有些工作则要发挥学生之间互帮互助的作用。比如晨读，我将晨读分为"民间早读"和"官方早读"两个阶段。"官方早读"是学校按照课程表安排的有任课教师指导的早读，一般以语文和外语两个学科为主。作为走读学校，学生到校时间早晚不一致，我将"官方早读"之前的时间确定为"民间早读"。有的学生虽然到校时间较早，但是因为没有养成好习惯，进教室后静不下来，稳不下来，凑一堆儿说话聊天，浪费了时间，破坏了班级秩序。一开始我反复强调，要求"入室即静，入座即学"，但收效甚微。有些学生虽说不说话、不闲聊，但宁可抱着书包坐椅子上发呆，也不主动晨读。后来，我改变策略，不再唠叨强调，安排班里几名平时喜欢大声朗读的学生早一点到学校，落座后大声诵读。在这几名学生持续带动和熏陶下，聊天说话的同学越来越少了，静坐发呆的学生也不好意思了，个别顽固派也越来越没有"市场"了。慢慢地，越来越多的同学参与到了"民间早读"中。一名，两名，三名……星星之火，终于燎原，无论是谁，无论什么时间，只要走进教室都会以最快速度进入晨读状态，班主任在与不在完全没有区别，真正实现了"入座即学"。

再如，拖布抹布怎么洗，洗到什么标准；地板、黑板、窗台怎么擦，擦到什么标准；卫生工具怎么摆，摆放在什么位置等。我在每一个项目中都培养了一名"专家"，由项目"专家"负责培训教会所有该项目值日学生，班主任无须天天盯着干值日。班主任"退"出来了，学生带起来了，标准提上来了，质量升起来了，效率高起来了。

所以，班级管理中，班主任完全不必"事事有我"，该出手时必须出手，该撒手时更要撒手。班主任掺和得太多，结果往往是出力不讨好。班主任从纷繁的班级事务中解脱出来，适时地"退居二线"，给自己一定的时间和空间，从一个过来人和旁观者的角度去审视学生、观察班级，也许会看清很多曾经迷茫的东西。班主任适时地给学生更多的锻炼机会和展示的舞台，放手学生，让学生尽情发挥，做一个"甩手掌柜"，让学生当家做主人。也许这样的做法使班主任"碌碌无为"，但学生却可能"大有可为"。

监控截屏　找错纠错

——做一个会"找碴"的班主任

　　课前两分钟预备铃，是给老师的预备，更是给学生的预备。我们常说"良好的开始是成功的一半"，没错，课前两分钟预备铃，是一堂课的开端，也是一节完整课堂的组成部分。预备铃响后，教室里的学生是一个什么样的状态，在一定程度上会影响学生的课堂学习效率和教师的课堂教学质量。遵守课前两分钟预备铃规则，虽说不是什么原则性问题，但这却是师生尊重课堂的表现之一，这或多或少地反映出一个班级的班风和学风，也会影响任课教师的上课情绪和状态，而且，这种影响将会是直接性的。

　　从体育比赛的规范来说，"预备"，是比赛正式开始前的准备动作。运动员起跑前裁判员会发出"预备"的口令，意在让运动员做好起跑前的准备。学生上课前的"预备铃"，同样也是上课前的口令，目的是让学生和老师做好上课前的准备工作。单就从学生角度来说，预备铃，可以把学生从室外引回室内，从兴奋活泼引回安静稳定，从前一节课过渡到后一节课，让学生尽快从行动上静下来，从情绪上稳下来，准备好必需的书籍、资料和文具，尽快进入上课状态。

　　课前两分钟组织得好与不好，将会直接影响上课状态和上课效率。组织得好，学生就会有比较充足的时间进行准备，老师进教室后无需强调和等待，可以直接引导学生进入上课状态，能有效保证学习时间，提升课堂效率；反之，如果不能很好利用课前两分钟预备，直到上课铃声响起后学生才急急忙忙跑进教室，课堂的前几分钟一定会乱乱哄哄。等安抚好学生，学生都安静下来了，准备好了，老师再组织学生上课，这几分钟时间就会白白浪费掉，课堂效率因课前准备不充分而大打折扣，而且也会影响班级管理与班级稳定，影响良好班风和学风的形成。

有一段时间，我发现课前两分钟预备铃几乎成了摆设。预备铃响起时，依然有相当一部分学生没有走进教室，或在教室内打闹，把预备铃声当成"耳旁风"，加上嘈杂的吵闹声，有的学生根本就听不见铃声。而且，更为甚的是，即便预备铃声响过后，仍有个别学生不紧不慢、懒懒散散地踱着四方步走进教室，全然看不出紧张有序赶快进教室准备书籍和学习用具开始上课的节奏。也有的同学即便是走进了教室，也是说话聊天，甚至你推我搡，坐不下来，静不下来，不做课前准备，教室里乱哄哄的。我反复几次强调课前两分钟预备铃要求，甚至采取课间盯靠的老办法，但收效也是甚微，仍有个别学生做不到"响铃入室，预备上课"的规范与要求。

　　感觉没有成效，我也不再唠叨和盯靠，一段时间的观察和琢磨后，我决定静下心来分析原因，思考对策。我觉得问题的出现有两个原因，一是学生对两分钟预备铃没有足够认识和重视，认识不到预备铃的重要性。认为预备铃毕竟不是正式上课，不要紧心态和无所谓思想在作祟；二是因为身在其中，学生对预备铃响后"热闹"的室内外场景没有直观的感受，真所谓"不识庐山真面目，只缘身在此山中"。

　　如何将两分钟预备铃响后教室内外"热闹"的场景真实呈现给学生？我想到了教室内监控设备。我截录了某一天所有课间的监控视频，选择了具有代表性的其中一段。视频时长为4分40秒，从2分钟预备铃响起开始，到正式上课2分40秒后结束。之所以截取这一时间段的视频，是因为我想让学生看看两分钟预备铃响起以及正式上课开始后每一名学生的实时状态和教室内外的场景。

　　视频截取后，我利用一次班团课时间召开了主题班会。班会以"找碴儿"为主题，我将视频反复播放了三遍。

　　第一遍播放前我没有做任何讲话，也没有说明要大家看视频的意图。同学们看到视频中一些画面时感觉很滑稽可笑，有些同学不免笑得前仰后合，还不时相互交流，指指点点。我站在讲台一侧，只是从无奈的表情中挤出一点微笑，迎合着同学们"喜悦"的氛围。第一遍播放结束后，我问同学们从视频中看到了什么？看完视频有何感受？同学们表示画面太过真实，太有喜感，太身临其境了。我依然没有表态，没有说明看视频的本意，没有表达我的任何观点。只是默默地看着整个班的同学七嘴八舌地议论着、兴奋着……

　　第二次播放视频前,我对同学们提出了要求,布置了任务,让他们带着问题看视频。我要求他们在观看视频的过程中观察和思考几个问题,为视频内容"找碴儿"。一是看看视频时间有多长? 想想老师为什么要让大家观看这个时间段的视频? 二是找找视频中的自己,看看这个时间段自己在没在教室? 在什么位置? 在干什么? 可能有的同学已经感觉到了班主任语气和表情的变化。第二遍播放时,除了少数几名同学,大部分同学看得很认真,神态比较严肃,没有了第一遍观看视频时的那种喜庆、欢乐和热闹的情绪。同学们好似从视频中看出了一些端倪,看出了一些问题。第二遍视频播放结束后,教室内完全恢复了安静和稳定,没有任何同学再发出哪怕是小声嘀咕的声音。有的同学低下了头,有的同学用略带疑惑的眼神偷偷瞟一眼班主任。

　　我问同学们视频时长,大家异口同声地说:"4 分 40 秒。"

　　我问他们:"这个 4 分 40 秒,是什么时间节点? 老师为什么要截取这一段时间的视频给大家看?"

　　有的同学已经明白了老师的用意,说:"这 4 分 40 秒,前 2 分钟是课前两分钟预备时间,后面 2 分 40 秒是正式上课后的时间。"

　　"你们都找到视频中的自己了吗?"我问。

　　"找到了。"有一部分学生回答。

　　"你们都在什么位置? 在干什么?"我继续问。

　　问到这个问题时,同学们集体选择了沉默,不再回答我的问题。我随机点了几名同学,让他们分别说说监控视频中这 4 分 40 秒的时间内都在干什么。有的同学说出去接水还没回教室,有的同学说刚从厕所出来还在走廊里,有的同学说刚跑进教室,有的同学说在教室玩,有的同学说在发作业,也有的同学说在自己座位上坐着……我说同学们的眼光都很犀利,能在这么嘈杂的环境中一眼就能找到自己,实属不易。他们听懂了我正话反说的意思,完全明白了班主任给他们观看视频其实就是一场"鸿门宴",也懂得了班主任截取视频给他们观看的"良苦用心"。

　　我说:"我建议同学们再看一遍,这第三遍我建议大家不要再看自己,找找视频中的其他同学都在哪儿？都在干什么？看看视频中除了同学们以外，还有没有其他的人出现？他们在哪儿？在干什么？"

第三遍开始播放时，没有人再谈笑和嬉闹，同学们出奇的认真，教室里出奇的安静，气氛也有那么一点点压抑，每个人的眼神都专注于屏幕，仔细地观察这个时间段教室内所有的人和事，生怕错过了哪一个细节，甚至有个别同学在本子上记录着自己所看到的一切。视频播放完毕，我让同学们继续为视频"找碴儿"。有人发现了教室内的嬉戏打闹，有人发现了科代表发作业时仍本子的现象，有人发现了座位上孤独的学习者，有人发现了趴在课桌上呼呼睡觉的同学……

同学们的"找碴"主要集中在了自己和教室内同学身上，忽略了教室内外其他的人和事。等同学们找完了他们所能找到的"碴"后，我开始带着同学们再一次"找碴儿"。

第一"碴儿"——"代课教师"。我说："这节课的物理老师不是咱们班的老师，是代课教师，叫皮老师。皮老师来咱们班上课，这是第一次，但也许是最后一次，也许就是唯一的一次。皮老师走进教室时看到了咱们教室里'热闹非凡、人声鼎沸'的场面，这个场景就是一班留在他记忆中最真实的一面。从此往后，皮老师也许再也没有机会给咱们班代课了。即便是我们以后做得很好，做到最好，对于皮老师来说，一班同学的表现和这个班级管理的这种印象已经深深地刻在了他的记忆中，我们连改变皮老师对咱们班看法的机会都没有了，同学们想一想，这是一件多么可悲的事啊！"同学们个个耷拉着脑袋，呆呆地坐在自己座位上，不再有任何欢笑和辩解。

第二"碴儿"——"老师弯腰"。皮老师走上讲台后弯腰捡起了掉落在讲台上的一支粉笔头，放在了讲桌上的粉笔盒中。我给同学们说："皮老师的一个弯腰，让我感到无地自容。这个粉笔头具体在哪节课上掉落的，我们不得而知，但遗憾的是，我们的卫生委员没有发现，班长没有发现，值日生没有及时清理地面，甚至有的同学可能发现了，觉得'事不关己'而'高高挂起'。一支小小的粉笔头，虽说很不起眼，也没什么值得大惊小怪的，但就是这一支小小的粉笔头，恰恰能折射出咱们班级管理中细节的疏漏和责任的缺失，折射出同学们对班级的维护和热爱。"趁着这一个机会，我对班级卫生管理和标准要求做了进一步细化和分工,对同学们的责任心和主人翁意识做了进一步调动和激发。

第三"碴儿"——"分发作业"。班级管理规定中有明确要求,分发作业要在两分钟预备铃之前完成。但是,这个课间,物理科代表在两分钟预备铃响过之后才抱着作业本姗姗来迟,慢悠悠踱进教室,"无视"讲台上代课老师的存在,把作业分给三名同学,开始分发作业。其中有一名同学为了图省事,隔着好几排座位,喊一声同学名字,隔空扔作业,甚至把作业本卷起来投给同学,被喊到名字的同学从座位上跳起来,举起双臂,像篮球运动员接球的动作一样接住被投过来的作业本。

我说:"同学们把一件简单的分发作业本的工作硬生生做成了一项耗时费力的体力活,演成了一场运动技巧活。你们的'举动'很有'创意',却让我这个班主任汗颜,觉得很丢人。我还是希望各科代表在分发作业时'低调'一点,不要这样张扬,因为这样的举动不是创新,而是出洋相!"科代表和分发作业的同学也意识到了自己行为的不当,他们不好意思地看看我,脸上写满了愧疚和歉意,我也就原谅了他们。

第四"碴儿"——"调试多媒体"。就在教室内还是一派"喧闹喜庆"的场景时,代课教师皮老师转身开始调试多媒体设备。按规定,每节课上课前,科代表应该去找任课老师领任务,比如拿作业、发学案,帮老师拿教具,询问老师用不用多媒体等。如果用,必须在上课前由科代表和多媒体管理员调试好。但是这节课前的准备显然是很不充分的,一切课前准备都是由代课老师自己完成的。

我给同学们说:"大家在教室里热闹的时候,物理老师默默转身自己打开了多媒体设备调试课件。他是一名代课教师,不熟悉咱们班环境,不熟悉咱们班多媒体设备,也不熟悉同学们。没有人提前准备,没有人及时帮助,老师的背影是显得那么的孤单又无助。我在想,皮老师当时的内心是多么的无奈而又凄凉啊!皮老师在咱们的一堂物理课就是在这样一种'特别'而又'热闹'的场景中开始的。"我的语言可能刺痛了学生的心灵,教室内显得异常寂静,鸦雀无声。

第五"碴儿"——"卷起裤腿"。在分发作业的几名同学中,有一名同学把两条裤腿卷到了膝盖处。我问他为什么卷裤腿,他的回答是太热了。

我说:"太热,不是你卷起裤腿的理由,充其量是个借口。你觉得热,你可以卷起裤腿，那你有没有想过其他同学热不热，如果大家都像你一样因为太热而卷起裤腿，你试想一下咱们班将是一种什么样的景象，会不会形成一道独特的风景线，是不是显得很个性、很另类？咱们是一名高中学生，应该有一定的意志力和控制力了，有一定的忍耐力和自觉性了，有一定的价值判断和是非评判了，大家觉得这样卷起裤腿好不好看，雅不雅？"卷起裤腿的同学也不再说话，很明显已经意识到了自己的错误。

第六"碴儿"——"探头张望"。这 4 分 40 秒时间里，同学们在教室内热闹的时候，前后有五名老师从教室门口经过，其中有一名老师是楼层课间执勤老师。还有三名老师好奇地探头向教室内张望，他们可能好奇教室里到底发生了什么事以至于这么热闹。

我说："经过教室门口的五位老师一定都会听到咱们班教室里的人声鼎沸，而且探身向教室张望的三名老师也目睹了教室里喧闹的场景。俗话说，'家丑不可外扬'，但是今天，我们把自己的'家丑'毫无保留地传扬了出去，也让过往的老师一览无余、大开眼界。'好事不出门，坏事传千里。'当这几位老师将来有一天谈论起咱们班的时候会是一种什么样的评价，大家可想而知。我们每个同学都是班集体的一分子，都应该积极维护班级形象和集体荣誉，希望大家引以为戒，以后多做有助于展示班级良好形象的好事！"很多同学在我说到最后一句话的时候都点了点头，看了我一眼，眼神中透露着赞同和认可。

第七"碴儿"——"传借物品"。在这个时间段，有同学相互传资料，犹如游戏中的击鼓传花一般，跨越四排座位，经过七名同学的传递后传到了最后一名同学手中。我问第一名传递的同学，是什么重要的东西非得在这个时间段传递，以至于影响了这么多同学。他说是学案，课间与同学探讨问题时，同学把学案落在了他的桌子上，他没考虑太多就想尽快传过去。还有一名同学从前排侧身回头分别向左后排和右后排的同学借东西，表现得"左右逢源"。我问这位同学借什么东西，她告诉我说，这节物理课需要画图，要用到尺子，自己忘了准备，就想借同学的用用。

我给同学们说："从同学们传递和借用东西的过程和对我问题的回答来看，大家好像对这样的情况都已经习以为常了，也感觉没什么大惊小怪的。可是同学们你们想过吗？就是你认为的这些无所谓的小习惯、小动作，却影响了好几名同学。传递东西只需要几秒钟时间，转身借用东西也只是几秒钟的时间，但就是在这很短的一个个几秒钟时间里，老师的一个知识点就讲过去了，你没有听到，受你影响的那几名同学也没有听到，这个知识就缺失了，与这个知识点相关联的知识你们可能都会缺失，考试时与这个知识点相关的题都会出错，都会失分。你们与其他同学的差距就会一点点拉开，一点点被同学甩开。因为你的课堂学习习惯不好，学习效率不高，没有做到端坐静听，不懂得珍惜课堂学习机会而肆意挥霍，导致学习效果不佳。"

"我希望同学们能及时反省，尽快摒弃课堂上的各种不良习惯，纠正自己的各种小动作和小毛病，有意识地培养自己的好习惯，提高课堂学习效率。"同学们从我的分析中明白了端正课堂学习态度的重要性，懂得了提高学习效率的重要性。有的同学表现出了坚毅的表情，后来的时间，这样的现象越来越少了。

第八"碴儿"——"偷吃零食"。有一名女生利用老师转身调试多媒体设备的功夫，瞬间从桌洞里抓一把零食塞进嘴里，用书挡着，偷偷地享受着"舌尖上的美味"。这种"掩耳盗铃"式的小聪明看着就挺滑稽，挺幼稚。我问这名女生吃东西的原因，她告诉我说，因为早上起晚了没吃早饭，课间从食堂超市买了一块面包，还剩一点没吃完，就在上课时吃了。

我说："没能按时吃上早饭是因为你睡了懒觉，起晚了。课间违规去食堂超市买零食，上课铃响后在座位上吃东西，影响了同学也影响了老师，事儿不大，但影响面不小。你一个小小的行为引发了一连串问题的出现，这就是我常说的'勿以善小而不为，勿以恶小而为之'。希望每一名同学都要引以为戒，良好的班风需要每一名同学细心呵护，真情维护。你不遵守、我无所谓，一个班集体也就无所谓集体，而是一盘散沙，即使握在手中也会一点点漏掉，形成不了整体，更别说凝聚力和向心力了。"静静地听着班主任的讲评，同学们对因一件小事引发的连锁反应也有了自己的认识。

第九"碴儿"——"互致问候"。门庭若市的教室终于慢慢恢复了平静，老师也终于可以"登上舞台做主了"。"上课""起立""老师好""同学们好""请坐下"。老师下达上课指令，学生起立，师生互致问候。这是上课前必需的环节，也是一节课开始的必要仪式。大部分同学在班长"起立"的口令声中从座位上站了起来，但有个别同学或懒洋洋地躬身低头半站立，或依然稳坐椅子还没来得及起立，甚至有个别同学直至老师下达"请坐下"的口令时，仍然没有从椅子上站起来。

我说："看来老师和班长的口令对有些同学来说已经具有天然的'免疫力'，甚至你们可能认为这是多余的，画蛇添足的，是一种麻烦和累赘。但是大家别忘了，很多活动是需要有仪式感的，是必须要麻烦的。课前互致问候，是彼此的尊重和恭敬，而个别同学的表现却与全班同学格格不入，与众不同。如果我们连最起码的尊重都不会表达，还有什么资格谈赢得别人的尊重？"我要求从看完视频后，每节课都要有互致问候的仪式感，并且把上课前的问候作为一项制度来规范和执行。

第十"碴儿"——"抱臂打坐"。师生互致问候后，老师开始上课。同学们都已进入上课听讲状态，但有一名同学却显得很是特别。他的课桌上放了一本物理课本，但没有打开。他坐在椅子上，脊背挺直，双手环抱，双目微闭，俨然一副抱臂打坐之态，仿若与世隔绝，不染尘埃。我问他为什么是这样的一种姿态，他说，物理太难了，听不大懂，有点跟不上节奏。

我问这名同学有没有听物理老师的讲课，他说基本上没听。我说："你都没有听老师讲的什么内容，怎么得出'不懂'结论的。如果你认真听了，积极参与上课学习了，而没有听明白，可以在课下请教同学或老师。可是你在课堂上正襟危坐，闭目养神，根本就没有参与课堂，没有聆听老师讲课，甚至都没有抬头正眼看一看老师讲课用的PPT，你却得出了'听不懂'的结果，岂不是很滑稽，很自欺欺人吗？作为一名学生，你连最基本的听课都做不到，何谈学懂与进步？"他不再辩解，意识到了自己的问题，表态以后要认真听讲。

除了同学们自己找到的"碴儿"以外，我又带着学生一起找到了十个"碴儿"。每一个"碴儿"都是实实在在存在的，只是很多同学身处其中而不能自清。作为班主任，我所要做的就是把这些"碴儿"找出来，把班级存在的问题"晒"出来，把同学们存在的问题告诉他们，让他们从另一个视角去找到自己，直观地审视自己，看清自己。帮他们找出自己存在的问题，看清班级存在的问题，然后有针对性地去分析问题，纠正问题，做好自己，维护自己形象，维护班级形象。

在以后的课间休息时，我充分利用这次"找错纠错"的机会，辅之以班规管理，规范同学们课前两分钟预备铃，经过一个多星期的调整，全部同学都能做到预备铃响时进教室，预备铃落时开始读书背诵。老师们上课时，再也无须整顿和等待，科代表会做好任课教师所必需的一切课前准备。在这两分钟时间里，教室内只有朗朗的课前读书声，再无他音。

众"星"攒月　雨露均沾

——做一个会"可逆"的班主任

　　在班级管理中,每个班主任都会遇到诸如学生迟到、上课打盹、看课外书、玩手机、课间追逐打闹、不按时完成作业等"鸡毛蒜皮"的小问题。但就是这些小问题,却几乎让每一名班主任"束手无策",十分头疼和苦恼。也正是因为问题很小,学生才会肆无忌惮而屡教不改、我行我素。有的班主任采用宽容、迁就的教育方法,以期学生能从班主任的"容忍"中学会让自己转变,但往往事与愿违,学生不但没有改变,反而把老师的宽容当成了纵容,甚至于得寸进尺,使问题更加严重,纠正起来更为棘手。

　　有的班主任采用诸如值日劳动、背课文、抄写诗词等教育方式,以期让学生通过"劳动"认清问题,改变自己,但收效同样甚微,问题不但没有多少解决,反而有的学生不理解班主任良苦用心,认为老师有意针对自己,故意刁难自己,与自己过不去,叛逆心理进一步加重,甚至出现"牵着不走,打着倒退"的执拗现象,想着法子与班主任对着干,使问题垒层叠加,更加严重。

　　对于一些屡教不改的琐碎小问题,班主任无论用"伤人六月寒的恶语"狠批训斥,还是用"一句三冬暖的良言"沁肺感化,效果却总是不尽如人意。虽说对部分学生能有短期疗效,但也只是昙花一现,持续不了多久,他们便会"原形毕露",该怎样还是怎样,继续重复着"昨天的故事"。无计可施的班主任也会"及时跟进",再一次穿旧鞋走老路,用旧方子治老病,将之前的教育方法再重复一遍。师生双方陷入了不厌往复的恶性循环之中,对于学生的同一个问题,同一教育内容,班主任无可奈何重复着同一办法,得到的也只能是重复的结果。慢慢地,学生越来越疲沓,老师越来越疲惫,恰似两头久斗之兽,时不时就杠在一起,却分不出胜败,斗不出结果,反而成了一种游戏,结局是两败俱伤,没有

"赢"家。

作为班主任，在班级管理中不能一味地使用一种方法和策略，不能一条道走到黑。当发现此路不通时，我们要学会及时变通，要有"知错就改"的勇气和魄力。在对学生问题的教育转化中，我们经常会一不小心一头扎进死胡同。其实退一步讲，即便是走进死胡同也没什么丢人的，至少说明我们在探索，在尝试。但如果我们不吸取教训，不总结经验，反复钻进同一条死胡同，那就不再是探索和尝试了，而是固执和呆板的表现，是一种不负责任，不思进取，不想改变的消极心态了。我们作为班主任，在"问题"学生的转化和教育过程中，不能反复钻进同一条死胡同，重复使用同一个方子治病。当我们发现一条路走不通时，原来的老方子不治病时，我们就需要大胆尝试和改变，需要另辟蹊径。只有这样，也许才会有"柳暗花明又一村"的峰回路转和"桃花源"中的豁然开朗。

在处理这些琐碎的小问题时，我曾采用过疾风骤雨般的训斥惩罚，也采用过和风细雨般的苦心劝导，但效果如前所述，学生的问题并没有得到有效解决。于是，我决定改变策略，尝试通过"评星"的方法进行"逆方法"转化教育。让我没想到的是，这种教育转化方法却收到了意想不到的效果。

我尝试从学生出勤抓起。班里四十多人，我发现同学们早晨到校时间前后跨度很大，第一名与最后一名同学到校时间间隔能有一个多小时，我觉得这很不正常。第一步，我决定重新详细登记学生基本信息，开始研究每一名同学家庭住址与学校的距离，了解学生早晨上学所乘用的交通工具。结果我发现有的家校距离很远的学生到校却很早，而距离比较近的同学反而到校很晚。所以我得出了一个结论，家校距离远近与到校早晚之间没有直接关系。第二步，我与几名习惯于晚到校的同学家长取得联系，询问孩子早晨起床时间和出门时间。结果我发现有的学生迟到是因为闹钟响了仍然不起床，喜欢睡懒觉导致的；有的同学即便是起床比较早，但是起床后在家梳洗打扮，消磨时间，不到自己认准的那个时间点不出门，属于"起个大早，赶了晚集"的情况。

针对以上这种情况，我首先肯定早到的同学，定一个时间节点，将在这个时间节点之前到校的同学评为"今日早到之星"。三名，七名，十名，十八名……短短一个星期时间，"今日早到之星"由最初的三名增加到了近二十名。但是仍有几名同学不为所动,不能早到甚至是迟到。于是,我决定逆向评"星",对卡着时间节点进教室的同学评为"今日卡点之星";对时间节点之后进教室的同学评为"今日迟到之星"。把评出的"明星"通过家长群、学生群和教室门口电子班牌予以公示,把"家丑"扬出去,让全校师生看到,让全班家长知道,让全体同学监督。

第一天公示后,有两名同学来找我,说能不能把教室门口的"今日迟到之星"撤下来,我问为什么?他俩说太丢人了。我说这是一项"荣誉",是对你们的"表扬",你们应该愉快地享受这个荣誉才对,怎么能觉得丢人呢?他俩很内疚又不好意思地说,求求老班撤下来。我告诉他俩撤下"今日迟到之星"的决定权不在老师,而在于自己。只要能在时间节点之前到校,不但不会被评为"今日迟到之星",而且会被评为"今日早到之星"。结果从第二天开始,这两名同学比之前早到校20分钟左右,持续被评为"今日早到之星"。其他几名习惯晚到的同学在连续几天感受"丢人",被同学"刺挠",被"晒"在群里,被"挂"在教室门口的痛苦经历后,也都纷纷"痛改前非"。

自此,除非因特殊情况偶尔有个别同学晚到之外,几乎所有同学都会在规定时间节点前到校进班,自主学习,很少有同学出现过像以前那样的迟到现象。作为班主任,我再也没有为学生迟到而烦恼和纠结过。

利用这次契机,在此后的一段时间里,我从正反两方面陆续评出其他各类"明星"。为了引导学生尽快进入学习状态,做到"入室即静,入座即学",我每天都评出"今日入座即学之星",每一名走进教室的同学都会快速坐下来背诵知识,自觉开始晨读。放学后、大型考试前等教室卫生整理时,对自愿留下来打扫卫生、整理桌椅的同学评为"今日服务之星",获得这颗"星"的同学由最初的两三个人,到最后的二三十人,大部分同学都乐意为班级服务,争做"今日服务之星"。有同学请假,不能做值日,其他同学总会默默顶替,我会对这样的同学评为"今日互助友爱之星"。因为作业或听讲认真等,得到任课教师表扬的,我会评为"今日学科之星"。

在一个冬天晚自习放学后,一名女生叮嘱同学敞开教室走廊一侧门窗,让教室暖气温暖楼道花卉。她说:"把门窗都开着,就是把咱冻'死',也不能把花冻'死'。"虽说是一句玩笑话,但足以看出孩子的爱心和责任,我将她评为"今日最有爱心之星"。

对于课间不能文明休息,追逐打闹的,评为"今日课间打闹之星";不按时完成作业,作业上交不及时的,评为"今日未交作业之星";课桌上书籍物品杂乱,不及时整理的,评为"今日物品杂乱之星";课堂上不认真听讲,打盹或睡觉的,评为"今日课堂睡觉之星";明知自己值日却有意逃避,或做值日不认真的,评为"今日逃避值日之星";欺骗老师和同学,给老师和同学撒谎的,评为"今日失信之星"……

正"星"表扬鼓励,反"星"鞭策勉励。以正"星"树起正气,传递正能量;用反"星"压制邪气,抑制负能量。两股力量在经过一段时间的"较量"后,邪终不压正,获得正"星"的同学越来越多,被评为反"星"的同学越来越少。正气终究战胜了邪气,正能量最终融解了负能量,整个班级的运行越来越平稳,每一名同学越发显得阳光正气。

对于"问题"学生的教育既不能一味地迁就和宽容,"惯"着学生,"依"着学生,否则有可能会得寸进尺;也不能一味地训斥和指责,"拗"着学生,"别"着学生,否则有可能会渐行渐远。如果常规办法行不通,传统药方不见效,我们完全可以尝试用其他办法。另辟蹊径,换换药方,有可能会事半功倍,手到擒来,药到病除。

教无定法,贵在得法。对学生自身问题的教育转化本就没有固定之法,只要是适合的,有助于学生健康成长的方法就是最好的方法。虽说教育本身是有一定规则遵循的,但我认为在教育的方式方法上不应拘于一格,而应该是百花齐放、百家争鸣。只要我们在教育的方向和目标上没有偏离,一切有利于学生问题转化的不同方法都是可以尝试的。

一次意外　一掌相约

——做一个会"蒙人"的班主任

有那么一类学生,让你生气也不是,高兴也不是,总给人一种"无可奈何花落去,似曾相识燕归来"的无奈感,班主任在处理这样的学生时不禁踯躅徘徊,无从下手。这样的学生不像那些"三天不打,上房揭瓦"的同学一样"常作不衰",让班主任防不胜防,整天忙于救火;也不像那些"不用扬鞭自奋蹄"的自主性很强的同学一样自律自觉,让班主任省心省力。这类同学的行为习惯是典型的"非暴力不合作",让班主任老师"想说爱你,并不是很容易的事",但若是"想说烦你,也不是很容易的事"。犹如哽在喉咙里的鱼刺一般,让你吞不得,也吐不得。

这类学生是一个极为特殊的群体,对于他们的教育转化,不能太过于严厉和强制,因为他们的自尊心和虚荣心一般都比较强,心理比较脆弱。对于老师和同学的评价与看法,他们一般都表现得很敏感、很在乎,自我保护意识和防范意识都比较强。但也不能太过于宽容和放松,因为他们有敏锐的洞察力,擅长察言观色,习惯于借老师和同学的宽容心理,以我为主,为我所用,进而变本加厉。

有一次高二分班之后,我就遇到过这样一名女生,她叫于盼。其实在高一的一年里,我一直是她的政治老师,只是高二文理分科时,她碰巧分在了我班。因为教过她一年政治课,所以我对她多多少少还是有一定了解的。于盼不善言辞,不喜欢表达,与同学之间很少有交流和交往。她唯一愿意沟通好交流的就是她的同桌。平时,我们很少从她的脸上看到过笑容。一整天的时间,除非课间操、体育课、上厕所等必须离开教室之外,她很少离开教室甚至是自己的座位,只是安静地坐在那里。如果你不是刻意关注她的话,基本都感觉不到她的存在。她很少违反学校纪律和班级规定,每天都是那样安静悠然地过好每一天。对老师布置的任务她从没有任何意见和建议，也没有什么多余的怨言和不满，不攀不比、不争不抢、不骄不躁、不闻不问、不显不露。但就是这样的一名女生，曾经有那么一段时间却让我感到异常无奈。

也许是她的性格使然，她每天早晨到校时总是表现得那样的从容，绝不早到，卡着时间点不紧不慢走进教室。可是"常在河边走，哪有不湿鞋"的呀。因为卡点，于盼时不时会出现迟到那么一点点的情况。要说迟到时间比较长还好，但就是迟到那么一点点，一分钟，十几秒，更多的时候是铃声刚好落下，她就"恰如其分"地出现在教室门口，让你生气也不是，不生气也不是，总感觉很别扭、很抓狂、很不舒服。我说你每天早晨从家里早5分钟出发，到校时间就可能提前10分钟。她静静地看着我，不说行，也不说不行，只是一副很无辜的样子，好像是默认了我的建议。但是，她第二天到校的时间依然是"外甥打灯笼——照旧（舅）"。

为了解决于盼早晨到校问题，我与家长进行过数次深入沟通和交流，但收效甚微，结果仍然没有一丝丝改变。我曾采用"今日迟到之星"的"逆方法"教育，几乎解决了所有其他同学的迟到问题，但这一招在她身上却显得是那样的苍白惨淡，毫无疗效。好像她身上本就穿着一层天然的防护服一样，我使尽了各种方法，几乎是"黔驴技穷"，但她依然"刀枪不入"，表现得还是那样的悠然自得、从容娴适。我所能感觉得到和可以肯定的是，她并不是有意迟到而故意和我作对，也不是缺乏荣誉感而故意违反纪律，只是一种业已养成的习惯在影响着她。

机会出现在一次晚自习前。同学们都去自习室准备上自习了，于盼因为忘了物品返回教室来取。她走进教室时，我踩着凳子正在给花架上的花浇水。听到有人走进教室，我便半侧身扭头往后看了一眼。就在这回头的一瞬间，我不小心把一盆刚浇完水的绿萝顺手带倒了，花盆托盘中的水撒在了我身上，我因为躲闪不及也差点从椅子上摔下来。而这尴尬的一幕正好被走进教室来取东西的于盼看到了，她"噗嗤"一声笑了。这是我第一次从她脸上看到笑容，而且是没有任何掩饰和做作的那种自然的笑容。

我脱口对于盼说了一句话："你笑起来真好看，像春天的花一样。"更确切地说，我是唱出来的。

她很明显有点惊喜地一怔，说："老师，你也刷抖音吗？"

　　"嗯啊，我也偶尔看看，要不跟不上你们的节奏，被你们无情地淘汰了，我就out（落伍）了！"我赶紧接上她的话题，因为我能很明显地感觉到，这个话题是她喜欢的话题。

　　"这首歌是李昕融、樊桐舟、李凯稠他们一家三口一起唱的，我喜欢他们中的李昕融，她是我的偶像。老师你的偶像是谁啊？"天呐，我突然感觉这下可算惹下"大祸"了。要说抖音这事儿，我还能"糊弄糊弄"她，可是这样深入探讨偶像的问题，我就彻底傻眼了。我都不知道这首歌是谁唱的，更别说我的偶像是谁了，只是平时听过这首歌，这句歌词在脑子里，触景生情，就随口唱出来了而已。

　　对话到此好像要陷入死局。但说心里话，我不想放弃这次难得的机会。

　　我说："我以前没有偶像，现在好像有了。"

　　在和她这样聊天的时候，我也从椅子上跳了下来。她接过我手中的洒水壶，顺手从桌子上抽了几张抽纸递给我，示意我擦擦衣服上的水。她这一暖心的举动，让我心里感觉暖暖的。这样的关心不是装出来的，而是发自内心的，是一种纯自然而无做作的表达。这更加让我坚定了要走进她的决心和信心。

　　"老师，谁啊？不会也是李昕融吧？"她好像很急切地想知道答案。

　　"我的偶像就是你呀于盼。"我用开玩笑的方式说出了这句"荒唐"的话，心里是极度忐忑的。

　　"哈哈哈哈……老师你别闹了，你说的偶像我明白什么意思了。你不会是说看到了我，你就想'呕吐'吧？"她先是爽朗地笑，但转瞬间她脸上便恢复了往日的平静和淡然。

　　我感觉她在慢慢地收紧自己，开始预防我、排斥我。她的内心深处正在一点点竖起那道不愿与人交流的"壁垒"。我默默给自己打气，不能错过这次机会，我们还能继续交流。

　　我说："老师没有胡闹，我说的是真实的。老师刚才出糗时你的笑容是发自内心的，真的像春天的花一样。说实话，从高一到现在，这是我看到的你笑得最真实、最轻松的一次。你那会心的一笑，给老师化解了尴尬；你那春天般的一笑,感觉不是在笑话老师,更像是最好的朋友之间的嬉笑。你刚才对老师的关心也是真实的,这一个小小的关心更能反映出你内心的善良和真诚。所以,老师想把你作为偶像,想看到你更多春天般的笑容。"说完后,我紧张地看着她的反应,我担心她会"翻脸不认人"。

就在她面无表情,稍显沉思的瞬间,我赶紧又追了一句:"我的'偶像',咱俩可以聊聊吗?"我谨慎地尝试着走进她,探寻她的思想。

她没有答应我,但也没有表现出明显的拒绝,只是停止了翻找东西,脸上却露出了浅浅的微笑,我理解这可能就是默许。

她坐在了自己的椅子上,我也选择了与她座位相隔一排的椅子上坐了下来。之所以选择与她相隔一排,主要是考虑她的感受和接纳度,尽量给她一点距离和空间,因为她内心的那堵与别人保持距离的"壁垒"其实并没有完全拆除。如果离得太近,有可能会给她造成一定压力,也会增加她的戒备心理和防范意识。

她慢慢地有点放松了,表现出了愿意和我交流的表情。我们从她的初中生活谈到了现在的高中生活,从她的家庭环境谈到了她与父母的关系。通过交流,我简单了解到了她的居家起居习惯、家庭住址,还有上学时乘用的交通工具和她的爱好等。

"明天早上可不可以比平时早那么一点点到校啊?"我说这话时,用大拇指掐着食指的动作比了一个"一点点"的动作。她欲言又止,但终究还是没有回答我。

"咱俩约定一个时间吧,我在教室等着你。"我继续引导她。

她抬头看了我一眼,眼神里带有明显的惊异。也许是因为"我在教室等着你"这句话让她感到了温暖,她的面部表情有了细微的舒展放松。

"约定几点好呢? 7:00? 6:50? 6:40……"

看她不接我话茬,我故意用略带开玩笑的语气自言自语地给她数着时间点。同时,我也在紧张地关注着她表情的变化。

"哎呀,不行老师,不带这样的,你再这样数下去我就别想睡觉了。"她又一次笑了,而且这次的笑容更加真实、更加灿烂,笑出了一个花季少女本该有的那份本真。

"我想先试试，就定在 6:50 吧，我争取尽量早点到校。"她接受了我的提议，自己选择了时间。

我握紧了右手拳头，伸向她，示意与她碰一下拳头。我想给她一些力量，给她一点鼓励，也想让她真实地感受到老班对她的真诚和信任。她也伸出了拳头，和我轻轻碰了一下。

我说："明天早晨，咱俩在教室不见不散！"她给我打了一个"OK"的手势，接着又用手指给我做了一个比心的手势，我也用一个"OK"的手势和信任的微笑回应了她。

我每天到校的时间基本都是 6:30 左右，到校进班后我都会坐在讲台上一边备课，一边等待同学们陆续到来。

与于盼约定的那天早晨，我带着既忐忑又期待的双重心情按时走进了教室。让我完全没有想到的是，于盼已经在教室里了。也许是她听到了我的脚步声，在我走进教室的一刹那，她侧过身子站在自己座位处，带着一副胜利者的姿态微笑着看着我，这次的微笑中带有明显的胜利和自信。她的微笑也让我彻底释怀，让我一颗悬着的心完全放了下来。因为在我见到她之前，说实话，我真的不敢确定她能不能信守承诺，按时"赴约"。

我看了一下教室的钟表，时间是 6:28。"天呐，你这是几点从家里出发的？你是怎么来的？咱俩不是约定 6:50 的吗？"我用异常惊讶的语气一口气抛出了三个问题。

还没等她回答问题，我径直走上前去，伸出右手掌，示意与她击一下掌，她领会了我的意思，也伸出右手，我俩用带有胜利者的心情结结实实地击了一下掌，她的眼神中透露着坚毅和胜利的喜悦。这一掌，是老师对她的奖励，也是她对自己的鼓励；这一掌，击出了师生间彼此的信任和接纳；这一掌，击出了她的放松和释然。

我问她是不是还没吃早饭，她说等一会儿与同桌一起去吃。我说要不我请你吃早饭吧，她笑笑说："等我想吃大餐的时候，好好'宰'老师一顿。"我开玩笑地给她说："太狠了！"我们相视一笑，她就坐下开始读书了。

从那之后的一段时间里，于盼有很多次都是 6:40 左右到校。好像已经成为一种约定的习惯,只要她能早到,我们俩见面后都会击一下掌。再后来,除非特殊情况,于盼再也没有出现过卡着点到校的情况,也很少再出现过迟到的现象。

有一天早上,我照常坐在讲桌前备课,无意间抬头看见于盼做值日擦储物柜。因为储物柜上摆放了一些绿植,她在擦储物柜时小心翼翼地挪动每一盆绿植,擦完后又把绿植挪回原处。她擦得是那么认真,那么仔细,那样负责任。我拿起手机,抓拍了她擦储物柜时那认真的瞬间。开班会的时候,我给全班同学展示了这一组照片,号召同学们学习于盼的认真和细心。我把照片发到了家长群里,照片下面写了一段话:"看看我们的于盼同学,擦储物柜、擦空调时多么认真和仔细,你说我能不骄傲吗!"后面附了"加油"和"点赞"的表情图。家长们也很配合地连连点赞,用简短几句话赞誉于盼,鼓励孩子加油,我又把家长们的回复和赞扬在班里给同学们做了分享。

再后来,于盼已基本适应了比较快节奏的学习生活方式,她尽力紧跟班级步伐,上学也很少有迟到现象。她心情开始慢慢变得开朗活泼,笑容也比之前更加灿烂,与老师和同学的交流越来越多,而且还很乐意帮助别人。最难能可贵的是,她较之前自信了许多。有一次家长给我打电话说,不知道什么原因,于盼在家里越来越懂事,不像以前那样和家长闹别扭,也不像原来那样逆反了。家长说,以前回家基本都是把自己关在屋里,不与家长交流。现在回家叨叨起来没完,尽说一些在学校的事儿,看着孩子像变了个人似的,很阳光,很开朗,也很自信。看来家长还不知道我和于盼在转化路上的一些约定,我也没再"邀功",只是给家长交代了一些与孩子沟通交流的技巧和方法。

声色使人畏惧,真爱让人敬重。我觉得,要做好学生的教育转化,首先要从内心深处爱学生。如果心中存有怨恨与愤懑,是绝对不可能教育转化好"问题"学生的。教育转化的方法很多,我们要学会相信学生,做到与学生交换信任和真诚。在学生教育转化的过程中,我们切不可千篇一律,一味地惩罚和管束,否则,只能让学生与班主任和班集体"渐行渐远"。有时候,当我们"反复踏进同一条河流"时,完全可以尝试改变一下方法和路径。路不通时,果断改道,另辟蹊径,也许会阡陌交通,豁然开朗;久治不愈时,换换药方,也许一个小小的智慧便能治愈久治未愈的"顽疾"。

定准中心　站对位置

——做一个会"动员"的班主任

"定准中心",就是坚持"以学生为中心"。我所理解的"以学生为中心",就是我们在组织开展教育教学和实践活动过程中,坚持以满足学生需求为出发点,发挥学生特点特长,引导、启发学生主动参与活动过程。

"站对位置",就是站在学生的立场上,从学生需求的角度去考虑问题,实施教育教学管理和实践活动。

在班级管理中,班主任绝不充当"孤胆英雄"而单兵作战。想要让班级管理走入正常轨道运行,就必须要发挥"综合力"的协作配合作用。这个"综合力",包括学校力、社会力、班主任力、教师力和家长力等。其中,"家长力"在班级管理中所发挥的作用是不可缺少的,也是无法替代的。而我们有些班主任,尤其是一些年轻班主任往往忽略了家长的存在,把家长"晾"在一边,基本不让家长掺和班级管理工作,不寻求家长的支持与配合,不调动家长的插手和参与,不与家长进行有效沟通和交流。在班级管理和学生教育转化中喜欢"单打独斗",其结局往往是班主任累个半死,家长不但不领情,反而会埋怨班主任不会管理班级、不会教育孩子。所以,如果我们撇开家长,是不能很好地形成班级管理中"综合力"的。

苏联教育家苏霍姆林斯基说过:教育的效果取决于学校和家庭影响的一致性。如果没有这种一致性,那么学校的教学和教育的过程就会像纸做的房子一样倒塌下来。其实家长和班主任在教育孩子和班级管理上的基本目标是一致的。我在与家长沟通交流的时候,几乎所有的家长都希望老师对自己的孩子多加管教,严格管理。也有的家长表示,平时很想给班主任打个电话,问问孩子在学校的学习和表现,但是总担心会耽误老师工作,不敢打扰。从这一点上看,大多数家长还是愿意与班主任老师进行沟通交流的,愿意插手和掺和孩子教育和班级管理的,只是我们在工作过程中忽略了家长,冷落了家长,致使很多家长慢慢变懒,进而选择逃避。一旦学生出现问题需要家长配合时,有的家长就会埋怨班主任没有及时与家长沟通,没有及时告知家长孩子在学校的表现,把全部责任一股脑儿地推向班主任和学校,导致班主任老师在做班级管理和学生教育工作时畏首畏尾,如履薄冰。

我的做法是,在班级工作中尽可能地把家长拉进来,让家长参与班级管理,让家长支持班级工作。但是,要想让家长真正参与进来,支持配合班级管理和学生教育,其实并不是一件很容易的事。作为班主任,我们需要做的就是要坚持"以学生为中心",始终站在"为学生好"的立场上去赢得家长,赢得支持。让家长切实体会班主任在班级管理中付出的真心,在对孩子的教育中充满的爱心。让家长真切感受到班主任所做的一切工作都是为了自己的孩子,都是为孩子着想。这样,家长就会主动配合班主任工作,积极支持班主任工作,即便是我们在班级管理和学生教育中哪怕有一些不当或过失行为,家长也会给予最大限度的宽容和谅解,我们在工作的过程中就能"放得开手脚,甩得开膀子"。

其一,要用好家长会。家长会是班主任与家长进行沟通交流最直接、最有效的机会。尤其是起始班级和新接手的班级,我们更需要下大力气组织开好第一次家长会。通过家长会,把班级管理理念和班主任工作思路、学生教育理念传递给家长,让家长对班主任工作有一个初步印象和简单了解。把班主任对学生的关心、关爱、关注传递给家长,让家长知道老师对孩子的责任与关爱,让家长对你这个班主任认同和认服,树立起对这个班级的信心。只有这样,家长才会支持班主任工作,协助班级管理工作。

第一次家长会时,我都会告诉家长我的两条教育理念。一是"家长希望孩子遇到一个什么样的班主任,我就争取做一个什么样的班主任"。二是"自己希望孩子遇到一个什么样的班主任,我就争取做一个什么样的班主任"。两条教育理念传递给家长两个信息。一是"你所期待的就是我要争取做到的";二是"我对待你的孩子如同对待自己孩子一样"。两条教育理念,能让家长对我这个班主任有一个初步的好印象。这也许能让家长把忐忑的心暂时放下来,让家长感知到这个班主任的责任和态度。将心比心，推己及人，当你站在学生和家长的角度去看问题，真心理解学生，真诚对待学生，设身处地替学生成长发展着想的时候，家长就会投桃报李，尝试支持配合你的工作，这样，班主任对家长的调动也就比较得心应手了。

其二，要用好微信群和 QQ 群。面对信息化时代的家长，我们班主任也要广泛使用信息化交流渠道。但是，我们有的班主任虽然创建了微信群和 QQ 群，但却很少使用，一个学期也不在群里发几条信息，不会通过微信群和 QQ 群与家长进行有效沟通交流，致使微信群和 QQ 群成了"僵尸群"，成为"聋人的耳朵——摆设"。

其实，很多家长把孩子送到学校后总是有一定的期待和牵挂的。牵挂孩子这一天在学校过得怎么样，吃得好不好，睡得好不好，家长们总会牵肠挂肚。通过微信群和 QQ 群，班主任可以选择性地向家长传递一些学校和班级信息，让家长第一时间了解学校动态，了解孩子动向，直观地了解孩子在学校的学习生活情况。我的做法是隔三岔五地把学生在学校晨读、跑操、课间自主学习、午间休息、做值日等情况通过拍照或录视频的方式上传家长群，让家长第一时间了解自己孩子在学校的实时状况，家长们也很希望班主任上传一些实时画面。对很多家长来说，与班主任的这种交流成了他们的一种期待，也会成为他们生活中的一部分，慢慢地，就会成为一种习惯。

班主任愿意分享孩子在学校的学习和生活，家长当然也愿意向班主任倾诉孩子在家的一点一滴，班主任和家长能够"互通有无"，有助于班主任及时了解孩子的实时状态和真实情况，为班级管理和学生的教育转化收集第一手资料。

其三，要用好关键点。与家长沟通交流，要注意抓好一些关键的时间节点。关键时期征得家长的帮助，既能显示出家长的重要性，也能向家长传递被尊重和被重视的信息。

比如，在高二文理分科组成新班级后，我给家长群发了这样一段信息："各位家长好，根据学校安排，我非常高兴担任高二·一班班主任。这个群里有原高一·一班的老朋友，也有尚未谋面的新朋友。目前，班级人数49人（48名同学+1名班主任)。我们49人的大集体携手前行,就如一辆重载大车一般,需要各位家长的推动和助力。作为班主任,我有信心带好这个班级,但我需要各位家长的支持与配合。因为在班级管理与孩子们的教育中,仅靠班主任一个人的力量是很难达到理想目标的。所以,在以后的班级运行和孩子的教育过程中,真诚期待各位家长积极建言献策,携手相助,不吝赐教,使我们的孩子健康成长,使我们的班级平稳运行。同时,如果在班级管理和孩子教育过程中,我本人如有不当之处,也希望各位家长朋友们能给予我更多理解和包容。你们的理解与鼓励,将会给这个大集体带来更多的信心和动力。谢谢!"

这一段交流信息,给家长传递了我这个班主任一心想带好这个班级的信心和决心,向家长表达了希望得到他们相助的愿望,也拉近了我与家长的距离。我是坚持了"以学生为中心",站在关爱学生、信任家长的角度与家长进行沟通和交流。所以,在以后的班级管理和学生教育转化中,很多家长总能给予我最大帮助和最宽容的理解。

再如,运动会之前,我在家长群发信息:"各位家长好,根据学校的安排部署,预计9月底举行秋季运动会。运动会期间学生全程在操场参与,如遇晴天,太阳一定很毒辣。为防止阳光晒伤孩子脸部皮肤,烦请家长为孩子们准备一顶帽子,谢谢!"信息发出后,家长们无一例外对班主任的细心、关心和爱心表示感谢。

家庭教育是学校教育的组成部分,我们要想办法积极引导家长做好家庭教育,使之与学校教育形成默契配合,形成互补,产生合力,显现教育效果。要使家长支持配合班级管理和班主任工作,我们必须要坚持"以学生为中心",站在"为学生着想"的立场上与家长进行沟通与交流,以诚待人,以理服人,以心换心,将心比心,用真爱唤醒学生,以真情调动家长,家长也一定会愿意参与班级管理和学生教育,一定会支持配合班主任工作。

虚心请教　携手进步

——做一个会"学习"的班主任

有人用"铁打的营盘流水的兵"来形容部队里士兵的新老交替。作为学校，又何尝不是这样呢。送走毕业生，又迎来新同学。学生在不断变化，而且越变越"新"，老师却如"营盘"一般，越变越"旧"。随着时代的变迁和社会环境的变化，学生思想观念也在不断发生变化，现在的学生，生性比较敏感，思维比较活跃，个性比较独特，求知欲比较强烈，对新生事物接受也很快。作为班主任，要想跟上时代节奏，跟上学生步伐，就必须不停地学习和提升自己，不断更新自己的思想观念，更多接触新事物，学习新知识。唯有这样，才可能"走进"学生，近距离接触学生，与学生揉在一起，更清楚了解学生，更直接感知学生，更有效管理班级。

学习新知识，途径很多，方式方法也很多，但是作为班主任，尤其是上了一定年纪的老班主任，则很有必要俯下身子，向我们自己的学生学习。向学生学习，不仅能丰富班主任老师的知识储备，还能在师生之间形成彼此尊重、相互理解、相互信任的平等关系，有时候还会在学生教育转化中收获意想不到的教育效果。

张伟豪是一名性格比较内向的孩子。他的家庭情况很是特殊，因为工作原因，他的父亲常年在国外。到了上高中时，父子俩已经两年多没有见面了，生活学习均由母亲一人操心照顾，是一个准单亲家庭。可能是因为缺少父爱，张伟豪的性格中总是有那么一点点"懦弱"，他很少主动与同学交流，即便是老师和同学主动与他交流，他也只是以极为简单的"嗯""啊""哦"等语气搪塞应答，很少有更多的语言和表情。他喜欢玩手机游戏，经常半夜不睡觉，有时候他母亲一说他，他便会瞬间爆发，与母亲大吵大闹，甚至摔门砸东西。用他母亲的话说,"只有在和我耍脾气吵架的时候,他才能大声说话,他的吼叫和脾气很让我恐惧和害怕。"母亲的语气中透着一位女性的无奈与无助。因为晚上玩手机游戏不睡觉,白天上课时经常迷糊打盹,张伟豪的学习成绩那也就可想而知了。各科老师也不停地给我反应张伟豪的上课状态,几次反复的谈心说教都被他当作耳旁风,于事无补。

有一次晚上 12 点多,张伟豪母亲突然给我打来电话,说孩子离家出走了。我问是怎么回事,他母亲说张伟豪晚上玩手机到了很晚也不睡觉,她说了孩子几句,催促孩子别玩游戏,早点睡觉,结果孩子就和她吵起来了。她一气之下动手抢夺孩子手机,没想到这一举动彻底激怒了孩子。孩子直接摔门而去,离家出走,不知道去了哪儿,电话打了还几遍也不接。

电话里张伟豪母亲表现得很着急,不知该怎么办,很担心孩子在外面遇到什么危险,或者一冲动再做出什么傻事儿。我尽量劝慰孩子母亲,告诉她孩子应该不会走远,可能一时赌气出走,再说一米八多的大男孩不会有什么危险的。我试图通过劝慰让她尽快平静下来,不要过于紧张,以至于胡思乱想,因为我觉得此时此刻尽快找到孩子才是解决问题的关键。

挂了家长的电话,我尝试给张伟豪打电话,但电话始终没有接通。我又尝试给他发 QQ 信息,信息发出大约 3 分钟,他回复了我的信息。信息内容很短,只有三个字"我没事"。但他回复我的信息中带有我给他发去的信息内容。这种回复方式我还是第一次见到,而且我也不会这种回复方式。我想我应该抓住这个难得的机会,也许这个机会就是今晚平复他情绪的一剂药方,不管结果如何,我都想尝试一下。

我接着给他再次发去信息:"哇,你给我回复的信息中怎么还带有我给你发的信息内容啊?这是怎么做到的呀?可不可以教我一下?"我故意装作很惊讶又很"无知"的样子。

让我没想到的是,原本那个很惜言,很不善于与别人交流的内向大男孩竟然连续给我回了三条信息,而且回复的三条信息中,有两条是长信息。第一条信息只是一个"噗"的表情包。我从这个表情包中读出了两个信息,一是他在"嘲笑"我,说明他愿意和我交流;二是他的心情应该平缓了一些,他的情绪应该转换到了我和他聊天的频道上了。也就是说，他可能已经从刚才的冲动中稍微走出来了一些。他的这个表情包也让我紧张的情绪放松了许多。第二条信息："老班，你太'out（落伍）'啦！这个太简单啦！"后面是一串捂嘴的表情包；第三条信息中，他告诉了我那样回复的具体操作办法，还说："老师，你按照我教你的方法给我回复一条信息试试。"他用了一个"教"字，这个"教"字出现的时机太好了，真是天赐良机。

我顺水推舟，按照他说的方法编辑了一条信息："张老师，你看我这样的回复对不对？"可能是看到我称呼他为"老师"而让他有点惊奇，他用一个笑得前栽后仰的表情和一个点赞的表情回复了我，并且说："很正确，学得真快。"然后又是一串捂嘴的表情包。我开玩笑地回复他："是张老师教得好，以后在这方面还有很多不明白的东西需要请教张老师，还希望张老师不吝赐教！"我在后面也附了两个抱拳的表情包。他应该看懂了我开玩笑的意思，给我回复了一串"哈哈……"说："这方面的问题随时问我。"从他的回复中我读出了他的骄傲与自豪，读出了他稍稍放松下来的心态和暗自喜悦的情绪。

我觉得与张伟豪交流的火候差不多了，他基本已经从刚才与母亲的冲突中放松了下来，我不失时机地切入了正题。

我说："给妈妈打个电话吧，妈妈特别着急，刚才给我打电话的时候都哭了，现在正在四处找你。"说实话，这个信息发出时，我内心是比较忐忑的，因为我不能完全确定这句话会不会再次刺激到他好不容易平复下来的情绪。一旦再次激起他冲动的情绪，要想引导他平复下来，可就太难了。他甚至可能会"屏蔽"我，拒绝我，把我假想成"敌人"，不再信任我，不与我沟通交流。

"嗯，放心吧，老师！我已经到小区楼下了。"

"其实我刚才和我妈吵架摔门出来后就已经后悔了。"他连续给我发了两条信息，而且依然是长信息。

"回家和妈妈好好交流交流，你已经是高中生了，老大不小的了，很多事应该由你担起来，帮妈妈减轻一些负担，不要再耍小孩子脾气，给妈妈添乱，惹妈妈伤心！"我也及时给他回了一段信息。

"嗯嗯，好的，谢谢老师！"

大约半个小时后,张伟豪母亲给我发来了信息,告诉我孩子已经回家了,情绪也已经平复了,母子俩交流得也比较好,让我放心。她还说,孩子告诉她教会了老师一个信息回复的方法的事儿,并且能感觉到孩子为此很自豪。

　　第二天,我与张伟豪见面后张口就喊了他一声"张老师",他羞涩地歪歪脑袋,连忙说"不不不……"

　　我半开玩笑地说:"既然都当我的老师了,那就应该有一个老师的样子,应该表现得更成熟稳重一些,要学会控制和调节自己的情绪,不能再那样任性了,尤其是对自己最亲的人更应该给予更多的宽容和理解。"

　　他说:"老师我明白,平时不理解父母的劳苦和期盼,有时候情绪不好了就给他们发脾气,过后总是很后悔,以后我一定不这样了。"

　　这次之后,张伟豪不论在学习习惯,还是在班级意识和集体活动中,都有了一定程度的转变。我把他在学校的变化告诉了他母亲,他母亲也非常高兴,并且给我讲述了孩子在家里的变化和对她的帮扶。

　　再后来的一次机会是发生在教室里。因为班里更换了多媒体新设备,一些软件和程序我根本不会用。下午自习课,在大家上自习的时候,我自己打开多媒体设备一点点摸索。可能是看到了我的"笨拙",坐在第二排的张伟豪走上来说:"老师,这些我懂,我先教给您学会最基本的使用方法,其他的在您需要时我一个一个教给您。"我故意表现出了很惊讶的表情,他也很配合地说:"so easy(很简单),小菜一碟!"他教会了我最基本的使用方法,然后让我演示一遍,我照做了。我说:"你又一次惊到了我,也让我再一次佩服你,看来你还需要继续做我的张老师,不知道在你身上还有多少宝藏没有发掘,你要毫无保留地掏出来教给我哈!"我们俩都笑了,他给我打了一个"OK"的手势,回到了座位上。

　　以后的日子,我与张伟豪的距离越来越近,他与同学之间的共鸣也越来越多。我们以"老师"互称,在很多方面,他也以"老师"的身份自居,以"老师"的标准要求自己。他的进步被老师和同学看在眼里,他一改往日的沉默寡言,愿意与同学交流,也慢慢喜欢与老师和同学开玩笑,在班里表现得也比较有热情。老师们需要有什么帮忙的地方,他总会第一个"跳"起来,主动帮助老师。

　　班里举行庆元旦联欢活动,同学们表演的基本都是游戏、舞蹈、唱歌、魔术等传统节目。但是张伟豪的节目却与众不同,他在多媒体电脑上完整展示了一部他亲手制作的动漫作品,非常精彩。他一边展示作品,一边向全班同学介绍动漫的制作过程和所要表达的故事寓意,让同学们很是佩服和羡慕,同学们对他的作品报以热烈的掌声。他从同学们的掌声中体会到了被认可的成就感,从老师对他作品的赞叹中体会到了辛苦付出后的幸福感。此后的日子里,他的自律性进一步加强,晚上回家后按时主动给家长上交手机,自己的专注力也一点点调整到了学习上来。期末考试,他获得了全年级"学习腾飞奖"。

班级管理犹如对待传统文化一样,我们不能做"守旧主义"者,一味固守那些传统的管理方法和管理模式;也不能做"封闭主义"者,一味拒绝接受别人的长处和创新做法。班级管理中我们要做到常学常新,要尝试学习"不耻下问"的精神,向专家学习,向同行学习,俯下身子向我们自己的学生学习。在很多时候,很多领域,其实学生掌握的有些知识我们并不完全懂,即便学生把我们看作是"百科全书",我们也要有"自知之明"。时不时俯下身子,向学生学习一些新东西,更新一些我们陈旧的老观念,坚持"以我为主,为我所用",对自己的成长,对班级管理都会有很大裨益。

教育需要师生之间的彼此尊重和相互传递,更需要用心灵去唤醒心灵,用心灵去认知心灵,用心灵去领会心灵,用心灵去耕耘心灵,用心灵去感化心灵。在一定程度上讲,对学生的教育转化,需要老师和学生之间相互传递能量、彼此鼓励赏识,力求产生同频共振,达到教育转化的目的。

两度邀约 一次家访

——做一个懂"角色"的班主任

家访是家校沟通交流、架起家校之间桥梁的一种比较传统的工作模式，也是连接家庭教育和学校教育的共同纽带。同时，家访也是教育转化学生，促使学生健康成长的一种有效教育方式，是班主任开展班级管理工作的一条重要途径。通过家访，可以使班主任和家长彼此有效了解学生的学习生活情况和思想动态，也可以倾听家长对学校和班级管理工作的意见和建议，更多地争取家长对学校和班级管理工作的支持和理解，进一步联络家长和班主任的感情，有效化解家长对学校和班级管理工作的曲解和误会，更好地推进班级管理工作。

但是，随着现代通讯的发展，实地家访的形式越来越被淡化，家校之间的沟通交流逐渐被电话、QQ、微信等通讯方式所取代。然而，有些问题是无法通过电话、QQ、微信等现代通信工具顺畅沟通与交流的，必须通过实地家访面对面交流。

薛雯是一名女生，她的英语非常好，平时很文静，对师生也很友善，是一名纯真的乖乖女。但就是这样的一名小女生，却有着比较严重的性格缺点。她性格比较倔强，略带一些自卑，遇事不愿求人，做事比较任性。可能是因为性格的原因，她时而会表现出一些忧郁和焦虑的情绪，总感觉缺乏一点点自信心和安全感。对这个孩子最初的印象是在高一新生报到时。为了能快一些认识并熟悉每一名学生，我坐在讲台上细心观察每一名走进教室的新同学，督促他们在新生报到表上签名。

因为相互之间都不认识，走进教室的学生都表现得那样小心翼翼，问一句"老师好"，然后迅速签完名，找到自己座位安静地坐下。唯独薛雯有点特别，她走进教室后明显一愣，然后突然叫了一声"天哪"就不再说话。我歪头看她时，她双手捂着嘴,圆睁着双眼,僵立在离讲桌三四米远的教室门口,表现出惊喜又不可思议的神情动作。我不知道是什么惊到了这名女生,只是下意识地问了句"你怎么了"。她并没有直接回答我的问题,却反问了我一句:"老师,您是我们这个班的班主任吗?"我有点"丈二的和尚,摸不着头脑",但我也很明确地告诉她我是这个班的班主任,她说了句"没事",然后就签名坐到了座位上。我被她的惊讶和问题搞得一头雾水,因为是开学第一天新生报到,工作比较忙乱,就没太去琢磨这个事儿,也很快淡忘了这件事儿。

开学大约两个星期后,薛雯问我能不能对她进行家访。我不知道她为什么突然提出要让我对其家访,总觉得她的邀约有点突兀。因为与学生接触时间不是很长,对学生的了解也不是很深入,所以,我没有贸然进行这次家访。后来,大约又过了十几天时间,薛雯的母亲给我打来电话,询问孩子在学校的一些表现。我把孩子在学校期间的学习生活状态如实向家长做了汇报。电话末了,薛雯母亲又一次提出想邀约老师到她家家访。出于基本礼节,我答应了她母亲的这次邀约,但我隐隐觉得孩子与家长先后两次邀约我家访,其中必有隐情,一定有什么话想对老师倾诉。我在征询了各科任课老师对薛雯的评价后,有准备、有针对性地对她进行了家访。

薛雯的家离学校不远,大约不到2千米的路程,我是在放学后与薛雯一起去的她家。我和薛雯到她家时,家里只有她母亲一个人,联想到薛雯填写的《新生入学登记表》,我算是有点明白了。在《新生入学登记表》家庭成员这一栏中,薛雯只填写了母亲的信息,父亲信息那一栏是空着的,在此之前,这一个细节却被我忽略了。我大致明白了薛雯家庭基本情况,她应该是个单亲家庭,但我不能确定造成单亲家庭的原因是父亲去世还是父母离异。可能是薛雯母亲看出了我的疑惑,她便主动告诉我:"家里就我和薛雯两个人,孩子爸爸在她4岁多的时候就去世了。"也许是时间过去得比较久远,说起这事儿时,母女俩的脸上也都看不出多么伤心的神情。

在聊起薛雯学习生活的时候,她母亲说:"李老师,你知道吗?因为你,我娘俩都哭过两次了。"薛雯母亲说这话时,薛雯在旁边使劲点头,表示母亲说的是真的。我完全不清楚她娘俩为什么因为我而哭,只是觉得很茫然,也很突然。

我一头雾水地问薛雯母亲："啊？为什么因为我而哭呀？"虽说内心很茫然，但我在说话时尽量保持自己的微笑。

薛雯母亲说："因为小学和初中的学校离家都很近，薛雯都是自己去上学，自己回家，我根本没有时间接送孩子。中考录取时，得知薛雯被咱们学校录取了，我和孩子都很高兴。学校离家也不远，她还是可以自己上学，自己回家。"

我很认真地倾听着薛雯母亲的讲述，没有随意插话打断她的思路。薛雯则静静地坐在一旁，时而抬头看看母亲，时而低头发呆，一言不发。

"开学报到的前一天，我和孩子去学校门口看了新生分班公示表，当看到班主任名字时，我俩都确定是个女老师，所以就很失望。本来我俩商量好的从学校看完分班后中午去外面吃饭，结果看完了分班我俩都没有了心情，就直接回家了，进门的那一刻我娘俩抱头痛哭了一场。"

听着薛雯母亲的讲述，我有点好奇地笑了，但我还是不太明白，为什么班主任是女老师就很失落，就抱头痛哭了呢？

"第二天孩子报完到回家时，几乎是蹦着跳着回来的。到家后的那个兴奋劲儿就像是获得了世界大奖一样，几乎是喊着给我说'我班主任是个男的'，'妈妈你要记住，以后再也不能以名字来判断男女。'听到孩子说班主任是个男的后，我俩又一次抱头痛哭。"说到这段话时，薛雯的母亲流泪了。

"李老师，你知道吗，孩子从小没有了父亲，家里就我们俩相依为命。亲戚朋友中也是女性居多。孩子从幼儿园开始，一直到初中毕业，所有的班主任全都是女老师，就是任课老师也没有几个是男老师。从小学开始，每次换班主任时，我俩就盼望着能遇到一个男班主任，可是直到初三毕业也没有遇到。这次考入高中，我俩还说高中男老师比小学初中要多一些，应该能遇到一个男班主任，结果去看分班公示的时候，看到班主任的名字，我俩都觉得班主任一定是个女老师，就特别失望，回家就哭了。后来孩子报完到回家说，您是个男老师，你别提我娘俩儿当时有多高兴。"

我终于明白了事情的原委，明白了娘俩儿先为我是"女班主任"而哭，后又为我是男班主任而哭的具体原因了。听着薛雯母亲的倾诉，我的心情很是复杂，我从内心深处为这对母女感到怜悯的同时，又为这位母亲的坚强伟大和孩子的乖巧懂事感到欣慰。

"因为孩子从小没了父亲，一直缺少男性对薛雯的影响，她在性格上有了一些微妙的变化。这次主动邀请李老师来家里，其实有点冒昧，还希望李老师能理解我们母女俩。"

我不知道该怎么安慰她，只是很笨拙地说："没事，放心吧，我不会介意的，也谢谢您对我的信任！"

"李老师，薛雯这个孩子是我从小一手带大的，她的性格脾气我最了解，你看着她平时挺文静、挺稳当的，但是一旦情绪不顺的时候就很任性、很倔强，而且做任何事都没有自信，总是感觉低人一等。希望李老师在孩子的学习生活中能多帮一帮薛雯，孩子有什么问题时，能多开导引导她一下。"

我完全明白了孩子与母亲两次邀约我去家访的良苦用意，明白了一位母亲的苦衷和对孩子健康成长的渴望，明白了一名家长对老师能给予帮助的期许。

为了一个简单的班主任性别问题，母女俩先后两次相拥而泣，真是让人既感动又不免心生怜悯。母女俩第一次哭泣是因为失望和伤心，第二次哭泣却是因为激动和高兴，这种情绪的反差变化，也正好说明了班主任这个角色在家长和孩子心目中的地位和分量，说明了家长和孩子对渴望遇到一个什么样的班主任的憧憬与期待。作为这个特殊角色的班主任，我们唯有全身心付出真心，传递真爱，才能问心无愧。

回到学校后，我就此次特殊的家访经历与学校心理老师魏秀杰做了分享交流，认真请教了魏老师。魏老师告诉我，在这个孩子的心目中，我应该扮演着两个角色，一个角色是她的班主任老师，另外一个角色就是她从小缺失而渴望得到的那个"父亲"。而且在这个女孩子内心，她对第二个角色的需求可能更加强烈一些。这也就是她与母亲一直期待能遇到一个男班主任的真实内心诉求。

魏老师建议我，对这样一名特殊的孩子，我们要给予她更多的关注与关爱，尽力弥补她十几年来缺失的那份"父爱"。既要从班主任的角度去引导教育她好好学习，又要从"父爱"的角度去更多在乎她、关心她。

高中三年，薛雯一直在我的班里。按照心理老师的指导，我在两个角色之间来回转换，尽量多地给予薛雯我能给予的有助于她健康成长的关心与呵护。

薛雯也很是争气,高中三年,她任性倔强的性格有了明显改变,自信心不断增强,忧郁焦虑的情绪得到了很大释缓,学习成绩也是"芝麻开花节节高"。三年后的高考,她如愿考上了理想的大学,实现了自己的梦想。

虽说家访不是万能的,但在班级管理和学生教育中,有的难题是需要通过家访来互相了解的,也是可以通过家访能有效化解的。如果没有薛雯和她母亲先后两次邀约,我可能就不会去薛雯家家访,我也完全不可能了解她的家庭情况,不能了解这对母女的心理历程,不能了解这个孩子的心理渴望和精神需求。我庆幸薛雯母女俩给我提供的这次机会,因为家访的过程不仅是一次彼此沟通了解的契机,也是一次学习历练的过程。

"表扬"绑架　比货识货

——做一个会"攀比"的班主任

用这样一个观点作为标题，是受生活中经常遇到的"道德绑架"现象和一句"不怕不识货，就怕货比货"的广告词启发。

有那么一类学生，因为"习惯了"老师和家长的批评与训斥教育，表现出一副"人为刀俎，我为鱼肉"的任人宰割心态。很多老师把这样的学生定性为"软硬不吃""刀枪不入"型。对待这样的学生，我们在教育转化时，也不可使用"传统药方"来进行反复治疗，因为他们对很多"药方"已经有了明显的"耐药性"，抗击打能力很好，内心也很强大。

严华就是这样一名典型的具有一定"耐药性"男生。高一时，我教他政治课，但不是他班主任。因为上课经常睡觉，他与另一名男生马成在整个级部里是出了名的"睡神"。两个难兄难弟经过原班主任和任课老师反复无数次的教育转化，也丝毫没有改变上课睡觉的"传统喜好"。每天上学，两个人的状态和习惯基本是完全颠倒的。上课睡觉，下课打闹，老师只要一说教，两人立刻满脸堆笑，把老师折磨得不知如何是好。

高二选课分班时，两个"好兄弟"被无情拆散，马成留在了原班，而严华则来到了我班。第一天上课，八节课，他前后睡了四节课，只有我的政治课、班团课、体育课和自习课时，他保持了相对清醒的状态。我不动声色，没有打草惊蛇，只是在幕后通过教室监控静静地观察并记录了每节课学生的一举一动。之所以采用这样的形式，主要是不想让学生有所察觉。这样，他们才能"尽情发挥"，展现出他们"纯天然"的一面，我也才能获得第一手真实的资料和信息。

通过一天的观察，我记录了 19 条信息。其中就有严华等 5 人上课睡觉的镜头。5 人中，其他 4 人的睡觉算是"小打小闹"，只是在某节课上出现了偶尔打盹或迷糊的现象，只有严华无忧无虑地活在自己"沉睡"的世界里，而且每节课都保持了同一个状态。

我决定尝试给严华治治"病"，转化他。一是因为我了解这个孩子，他有转变的可能，我也有治愈他这个"睡病"的信心；二是因为他的行为有点肆无忌惮，太不尊重课堂，太影响整个班级的情绪；三是因为他这样不负责任的表现，会严重影响他自己的学习和成长。

教育转化的第一步是从当天班会课开始的。我把当日记录的19条信息做了细致分类，然后制作了PPT，对5个人上课或打盹，或睡觉的"丑态"我截取了视频片段。5人中，只有严华是从头睡到尾的，而且任课教师和同桌反复几次提示和叫醒后，他也只是很茫然地"醒"那么一会儿，接着就又昏昏沉沉地睡过去了。当看到视频中"睡神"滑稽的一幕时，同学们忍俊不禁，不免哈哈大笑。待同学们都高兴完后，我给大家讲述了我所了解的严华的性格特点和习惯行为，讲评了他上课睡觉的"前世今生"。我想通过我的讲述，让同学们对这个"外来户"有一个基本的了解和认识。

我说："看到视频中这样的场景，大家都忍不住笑了。我不能确定同学们的笑是因滑稽而笑还是嘲笑。如果是前者，说明问题在外表，同学们并没有从内心反感严华；而如果是后者的话，这说明问题已经比较严肃了，同学们可能从内心讥讽这种行为。当然，我希望是前者。"我告诉同学们，我们每个人都会在不同时期犯不同的错误。但不管是谁犯了错误，或者犯了什么错误，作为彼此的同学，我们都不能投以异样的眼光而袖手旁观。正确的想法和做法是，我们应该想着怎么帮助犯错误的同学改正自身错误，伸手拉他一把，让正在"歧途"上的同学步入正轨，切不可冷眼相待，更不可落井下石，因为我们是一个集体，是一个团队。今天，之所以截取这一段视频，并不是真正想让哪名同学出丑和丢人，而是想让大家思考一下、探讨一下我们应该怎么帮助严华同学走出这个"困"境，因为我觉得严华本人也很痛苦，也想把自己做得更好。

当着全班同学的面说这一段话，主要是想给严华一个合适的台阶，让他能下得来。想让他从内心深处体会到老师和同学们都在关注他、关心他，不想放弃他，也让他真实地感觉到来自同学老师以及这个班集体的温暖。

我把原班主任周老师对严华的评价复述给同学们听。周老师说,严华是一个很聪明的孩子,对待同学很友善,能宽恕别人,包容别人,同学们和他开玩笑即便是有点过头了,也不见他生气,总是给人一种很真诚的微笑。他记忆和接受知识比较快,做事比较稳重,富有责任心。但就是改不了上课睡觉的毛病,以至于严重影响了他的学习状态和行为习惯。周老师说,如果严华能改掉上课睡觉的这个毛病,他的学习成绩一定会大幅度提升。

我说周老师对严华的评价还是很客观公正的,优点多于缺点,表扬多于批评,褒奖多于指责,而且与我对严华的认识基本也是一致的。我之所以把原班主任周老师对严华的评价复述给同学们听,传递给严华听,是想让同学们更进一步认识接纳这个"外来户",也想让严华认清自我,明白自身的优缺点。当然更想通过这样的表扬将他"绑架",给他上一个"套",想通过别人的表扬激发他的斗志,帮助他树立信心。

此后的一段时间,严华在慢慢改变,上课睡觉现象较之前有了些许好转,学习状态也有所提升。对于他的变化,任课老师也是看在眼里,时不时能从老师们那里收集到一些积极的信息,我把这些积极信息一点点汇总起来,通过不同途径和方式传递给严华,他"尝到了甜头",感受到了被认可的成就感,他的自信心越来越强,他的状态越变越好,上课听课也是越来越认真。

再说说高一时与严华一起被同学们戏称"睡神"的难兄难弟马成。都说物以类聚,人以群分,可能是"臭味相投",两个人不但喜欢上课睡觉,下课后他俩也是最要好的朋友,形影不离,上课一起睡觉,下课一起打闹。马成选课分班留在了原班,我依然是他的政治老师。与其他任课老师反映的情况一样,课堂上的马成依然是"外孙女穿舅奶奶的鞋——老样子"。在我的课堂上,我依然需要反复几次叫醒他,即便是让他站着听课,他也是迷迷糊糊。我把严华的变化讲给他听,听后他只是给我一个浅浅的微笑,不以为然。他说:"老师,严华说你在班里把他表扬得现在都不好意思睡觉了。"我听后暗自窃喜,我想这就是我想要达到的效果。我就是想通过表扬"绑架"严华,让他通过这样的方式完成自我救赎。

待严华有了进一步转变时,我又把马成现在的状态描述给他听。我说在高一时，你俩的状态和心态不相上下，"难分伯仲"。现在看来，你的自觉性和自律性在不断增强，对自己的要求越来越严格，但是，你的"兄弟"马成还是原来的那个马成，无论是学习状态还是精神状态，你都已经远远落后于他。究其原因，主要是你在老师和同学们的帮助下及时醒悟，及时改正自己的错误。你对自己有了更高的要求，有了自己的目标，有了对自己的鞭策和激励，所以，你有了进步，而且进步很大。如果你能继续坚持这种良好的状态，坚持严格要求自己，老师相信你会有更大进步，收获更多成就。我看好你，也相信你！

我之所以把他俩放在一起做一个这样比较，没有一点伤害马成的意思。只是想通过这样的比较，让严华真实地感受到自己的进步，通过我这个班主任的表扬和肯定，让他更加自信。

高二整整一个学期，严华越变越好，尤其在学期后半段，他再也没有出现过上课再睡觉的现象。他的状态越来越好，学习也越来越认真，我把孩子在学校的变化电话告知家长，要求家长给予孩子必要的表扬激励，家长表示非常感谢，也非常愿意配合老师教育好自己孩子。一分耕耘一分收获，付出终于得到回报，期中考试时，严华进步了9个名次。到了期末考试，他一举跨入班级中上游水平，获得了全年级"学习进步奖"。

我建议严华在合适的时候也劝劝他的好朋友马成，用他的进步激励和带动一下马成，他有点腼腆地答应了我。

我们要努力发掘学生身上被忽略的优点。把寻觅到的优点挖出来，晒出来，让学生自己看得到、用得到、感受得到。用他自己的优点把他"包裹"起来，用别人给予他的表扬把他"绑架"，让他不好意思不做好自己。给他一个参照物，帮他学会"攀比"，不怕不识货，就怕货比货。通过"攀比"让他看到自己的变化和进步，让他体会到被认可、被赏识的获得感和成就感。

过招"虎妈" 打蛇七寸
——做一个会"点穴"的班主任

　　有些"问题"学生身上出现的问题与家庭教育环境和家长教育方式有很大关系。总结多年的班主任经验，我发现有两种家庭教育方式很容易导致孩子出现问题，一种是散养放纵性，一种是圈养控制性。这两种家庭教育方式都是教育的两个极端。第一种教育方式中，家长常常以工作太忙、没时间管孩子、不懂教育等为借口，无条件、无原则地满足孩子对于物质和金钱的需求，疏于对孩子学习与健康成长等基本要素的关爱和关注，疏于对孩子良好习惯养成的教育和培养。当孩子出现问题时，不反思自身存在的问题，不分析孩子出现问题的原因，不与孩子进行有效沟通和交流，往往施以语言暴力或打骂，导致亲子关系紧张，孩子问题频出。第二种教育方式中，家长更多的是以孩子为中心，家庭一切工作都要围绕孩子开展。孩子的学习、生活等一切活动都要遵从家长的意愿和要求，孩子被家长严格"控制"，没有多少自由和空间。孩子稍有不从或"跑偏"，家长便立刻施以训斥和责骂，甚至是"诉诸武力"，让孩子完全"活在家长的世界里"。

　　唐洋也是在高二选课分班后来到我班的一名男生，是班级的体育委员。这个孩子性格不太张扬，也不太内敛。他酷爱体育运动，是一名体育特长生，擅长羽毛球，代表学校参加济南市羽毛球比赛，获得高中组第一名。受家庭的影响，在与人交往时，唐洋总是表现得很谦恭，很有礼貌，也很尊重别人。但是据家长反映，这个孩子回到家后经常玩手机，而且不听家长劝导。可能也是因为回家后玩手机时间太长，在学校的唐洋也出现了一系列问题，上课经常打盹，整个人无精打采，学习缺乏积极性和主动性，消极情绪比较严重。

　　有一个星期一早晨我刚到学校，唐洋就找到我说想和我约个时间说说自己的心里话。在和我说话时我发现他两个眼圈都发黑，而且他的情绪比较低落。我觉得他应该有一定的心事，便问他着不着急，他说也不是很着急。为了尽量少耽误他的学习时间，我俩把谈话时间约定在当天下午自习课。

开始谈话时，他开口说的第一句话就让我极为震惊，也很为他担心。他说："老师，我现在很痛苦，我可能坚持不下去了！"说着就开始流泪。

我问他到底发生了什么事，为什么要说这样的话，而且表现得这么悲观。

待他稍微平静之后，他说："因为我没有按照我妈的要求完成作业，昨天一整天我妈没让我吃饭。到了晚上我实在饿得难受，就恳求我妈给我吃一点，我妈说我连作业都没完成，还有什么资格吃饭，有什么脸吃饭，最终也没让我吃饭。"

我有点不太相信他说的话，我觉得不管孩子表现得如何，作为孩子的母亲怎么可能不让自己孩子吃饭呢。我问他是不是和母亲之间有其他什么误会。

他慢慢向我敞开了心扉，给我说了一些他母亲管教他的方式。他说："其实我和我妈之间没有什么大的误会，我妈就是对我要求得特别严、特别死，任何事情都需要按照我妈制定的计划和规定去执行，否则，我妈就会很生气地训斥我、骂我。"

他说以前因为有玩手机的习惯，平时母亲对他的管教非常苛刻。晚上在家写作业的时候，他母亲很不放心他，像防贼一样防着他。为了能直接地监督他的学习，他母亲不让他自己在屋里学习，让他把学习桌搬到客厅，他母亲坐在旁边当他的同桌，形影不离地盯着他，监督着他。

每个学期，他母亲都会给他买很多课外辅导资料，每个学科都有，逼着他做辅导资料上的题。如果遇到不会的题，他母亲就会按照自己的思路给他讲解，而且他母亲讲的与老师讲的明显不一样，甚至都讲错了，但他母亲就是不承认自己的错误，反而责怪孩子基础太弱，训斥他强词夺理。

周末时，他与同学相约出去玩，放松放松，但他母亲就是不让他出门。即便是每次的羽毛球训练，他母亲也会跟着一起去，以防他借训练之名去做其他的事。孩子说，因为实在受不了这种控制和压抑，他想离开父母一段时间，调整调整自己。几次给父母提出想去自己姑姑家或姨妈家住几天，但父母就是不同意,说他这样的想法就是逃避,还说如果去也可以,但是父母两个人必须有一人跟着一起去。

我问他为什么不向父亲求助,他说他父亲对他的控制比他母亲更厉害、更恐怖,所以有些事情都瞒着父亲,不敢让父亲知道。

我们俩交流了大约 40 分钟,我站在父母关心孩子的角度不停地劝慰他,开导他,让他放下思想包袱,消解心理压力。

唐洋的父母都是名牌大学毕业,学历高,而且工作也很好。父母对孩子的期望是典型的"望子成龙",他们希望自己的孩子"青出于蓝而胜于蓝",所以他们对孩子的培养是严格按照自己的标准来要求的。可是他们没有从孩子实际出发,忽略了孩子本身的现实情况,把自己的愿望强加给孩子,以至于给孩子设定了超限的标准,提出了过高的要求。孩子的父母仗着自己是名牌大学高才生,自以为高中的知识就是小儿科。他们不征求孩子的意见,自行决定给孩子购买各种辅导资料,给孩子讲解知识,解答疑问,完全把自己当成了"全科辅导王"。

与孩子的谈话结束后,我择机给家长打了电话,邀约家长到校一起商讨孩子的教育问题。孩子母亲表现得倒是很痛快,说只要是孩子的事,如果老师有时间,她随时都可以。

这是我第一次与唐洋母亲见面。见面后我给孩子母亲简单说了说孩子的思想状态和学习现状。没想到孩子母亲果然是个厉害人,还没等我说几句话,她便很不耐烦地打断了我的说话,很不礼貌地辩解说她所做的一切都是为孩子好,而且在不断地重复着同一个观点。我们的交流进行得很困难,我感觉她想要牵着我的鼻子走,要把我带到"沟"里去。于是,我马上改变了策略,我说:"看着你迫不及待的样子,你应该有很多话要说,要不你先说。"她也毫不客气,滔滔不绝地一口气说了 10 多分钟,说着说着竟然委屈地哭了。她一边抹泪,一边反复数落着自己孩子的种种不是。从学习到生活,她说得自己孩子一无是处,给人一种"万恶不赦"的感觉。

我感觉这就是一个"虎妈"。我没有打断孩子母亲的数落,一边倾听,一边琢磨怎样"调理"一下这个家长的思想。因为我觉得唐洋问题的"病根"更多的是在家长身上。要想教育转化这个孩子,首先必须要改变家长的偏激思想。

等孩子母亲控诉完后，我让她说出自己孩子比较突出的 10 个优点。她犹豫了半天，最终也没有说出个子丑寅卯来，只是重复地说孩子懂礼貌、老实稳重。

我说："你养了孩子 17 年，作为孩子最亲的人，你都说不出自己孩子的 10 个优点，却数落出孩子一堆的毛病，这是很不正常的。我发现在你的眼里孩子只有缺点，而没有多少优点，所以我觉得你做母亲有点不合格。你貌似对孩子很关心很负责，其实你根本不懂自己的孩子，也不懂该怎么关心、关爱和教育自己的孩子。"

也许作为一位母亲，没能说出自己孩子的 10 个优点，让她感觉到有点无地自容。抑或是我怼她的几句话让她脸上有点挂不住了。我明显感觉我触到了她的痛处，打到了她"七寸"。她坐在沙发上，深吸一口气，左手抓了一下沙发扶手，身子明显向前一倾，伸了伸脖子，半仰着脸，一副要对我发起猛攻的姿势，有点"恼羞成怒"的前兆。我没有正眼看她，但我很"温和"地给她做了一个下压的手势，示意她稳一稳自己的情绪，别无理也想狡辩三分似的爆发自己。她终究还是压制住了自己的"怒火"，没有向我发起"进攻"，却又一次开始"数落"起自己的孩子。

她说："孩子从初二开始迷恋上了玩手机，回到家光玩手机，不学习。为了不让孩子玩手机，我总共弄坏过孩子 7 部手机。有摔了的，有砸了的，也有扔水里被水浸泡了的……"

我问她："你实话告诉我，孩子在家里学习时间更多一些？还是玩手机时间更多一些？"

她说："那肯定是学习时间更多一些。"

我说："既然学习时间更多一些，那你为什么要说孩子'光玩手机不学习'？你为什么不说'光学习不玩手机'呢？你为什么只看到了孩子玩手机的缺点，而没有看到孩子学习的优点呢？"她可能一时不知该怎么说，没再应我的话。

我问她："你弄坏了孩子 7 部手机，孩子现在还有手机吗？"

她很激动地说："有，每次弄坏手机后他会马上再去买一部新的。而且，他现在变聪明了，学会了跟我斗心眼。他害怕我再给他砸了手机，我发现他现在有两部手机，用一个，藏一个。"

我问她："孩子买手机的钱是哪来的？"

她说："钱是我和他爸爸给孩子的。"

我说："如果孩子再玩手机，你会怎么办？"

她说："如果再发现了我还是会给他砸了的。"

我说："你这一招管用过吗？"

她说："不管用，但也没办法。"

我说："你这一招已经用了 7 次了，而且没有收到任何效果，你为什么还要用？你这不是明知是死胡同还要往里钻吗？"

她说："我也没有什么其他的好办法呀，只能这样了。"

我问她："你有没有尝试过其他教育方法？比如寻找孩子的闪光点赏识孩子、表扬孩子、激励孩子。"

她反问我一句："李老师，您觉得唐洋这个孩子身上还有什么值得表扬和赏识的闪光点吗？"我们交谈的时候下课铃声正好响起，几个班的体育委员来办公室给班主任汇报大课间跑操请假的学生名单。有的孩子敲门进入，有的孩子直接推门而入，而唐洋是在门口喊了"报告"后走进办公室的。这是他懂礼貌的表现，他一贯都是这样，而且这次来办公室前，他也不知道他母亲在我办公室，所以他不是装出来的。

等几个体育委员汇报完工作都离开办公室后，我与唐洋母亲继续交流。

我说："你孩子怎么就没有值得赏识的闪光点？我觉得刚才的行为就值得表扬，值得我们赏识孩子。"

她很惊讶地问我："有吗老师？他刚才有什么优点啊？我怎么没看到啊？"

我说："刚才进办公室的这几个孩子里面。就唐洋和另外一名孩子喊了'报告'进来的。这不就是他比别人优秀的地方吗？"

她很轻蔑地一笑，说："李老师，这能算个什么优点？"

我说："这怎么不算优点，他比别人懂礼貌，他比别人懂得尊重老师。是的，这样的优点确实有点小，可能不值得一提，但是如果我们及时捕捉发现这些优点，给孩子说几句认可和肯定的话，赞誉表扬孩子几句，你想一想孩子是不是会很高兴。如果我们再细心一些，发现孩子更多的小优点，给予他更多的激励与赏识，孩子的心情会怎样？如果我们以小见大，通过赏识和表扬，一点点把孩子引导到喜欢学习上来，是不是更好一些？"

孩子母亲不再像刚才那样振振有词，低着头不停地抹眼泪。

在唐洋父母眼里，所谓的好孩子的标准是唯一的，那就是学习好。其他的优点和闪光点他们都看不在眼里，被他们无情地忽略，甚至是屏蔽。他们"画地为牢"，把孩子圈在他们设定好的圈子里，不许孩子"越雷池半步"。

我告诉孩子母亲，要想真正改变孩子，首先必须要从改变他们两口子开始，否则孩子不可能有好转，只能越来越疏远，越来越叛逆。

我告诉唐洋母亲，从现在开始侧重干一件事，每天带着赏识的眼光去发现孩子身上的闪光点和优点，无论大小，你都要给予孩子充分肯定和毫不吝啬的表扬，坚持一段时间，看看孩子会不会有变化。我告诫她，要通过赏识转变孩子的习惯，绝不能有"一个馒头吃成一个胖子"的急功近利想法，而是需要耐住性子一点一点地去发现和转变。

她最终接纳了我的建议，表示为了孩子的健康成长，她愿意尝试去改变自己，改变自己的教育方法，改变自己的传统思维。

我与家长交流过后不长时间，唐洋代表学校参加济南市羽毛球比赛获得高中组冠军。这样的成绩在学生体育运动层面上算是比较高的荣誉。政教处主任找我了解唐洋在学校的综合表现，告诉我学校准备表彰奖励唐洋同学。我如实汇报了唐洋的实际情况和存在的问题。我也表达了我的想法，我希望借助这次表彰奖励尝试做一次对唐洋的转变和对家长的改变。

我将表彰会校长为唐洋颁发奖状的视频和照片上传至家长群，附了一段对唐洋表扬和激励的话。家长们也很配合地表达了对唐洋的祝贺与鼓励，唐洋母亲看到群里的信息后第一时间给我打来了电话。我在电话里告诉孩子母亲一定要抓好这次难得的机会，对孩子给予充分肯定和认可的赏识，给孩子点燃一把火，把孩子"烧"起来，让孩子从这次表彰中体会到久违的成就感和获得感，帮助孩子树立自信心和自律心。孩子母亲听从了我的建议，答应按照我的策略对孩子进行转化教育。

我以"我是冠军"为题召开了一次微班会，对唐洋取得的成绩给予了充分的肯定。希望他以冠军为动力,发扬体育训练中不怕吃苦和不认输的坚强精神,发扬体育比赛中敢于战胜对手、勇于挑战自我、争取优异成绩的勇往直前精神。我希望他能克服自身缺点,及时纠正自身存在的问题,把这种精神延伸到学习和生活中去,在学习上实现新的突破,取得理想成绩。我号召全班同学向唐洋同学学习,倡议同学们发挥各自优势和特长,大胆展示,在各方面都取得自己理想的成绩。唐洋同学也做了表态发言,他表示以后一定改正自己的缺点,把更多的精力转移到自己的学习上来,力争学习取得明显进步。

以后的时间,唐洋说他父母在家里对他的态度转变了很多,不再像以前那样"限制"他的人身自由,也不再经常拿自己和别人做比较,谩骂和挖苦也少了很多,取而代之的是给予了他更多的表扬和鼓励,他也体会到了家庭的温暖和父母的关爱。家庭环境温馨了,父母心态转变了,孩子认识提高了,整个关系也就理顺了,一切都在向好的方向发展。再与家长电话沟通时,孩子母亲的语气温和了很多,不像以前那样强势。家长说,其实之前感觉孩子成绩不好,心里就挺着急,一次一次的着急导致心态发生了变化,把一切错误原因都归到了孩子身上,把很多浊气也都排到了孩子身上,感觉挺对不起孩子的。

慢慢地,唐洋也在改变自己,心情更加阳光,上课比以前专注了许多,习惯较之前也有了明显改变。任课老师和同学们对唐洋的评价在一点点改变,家长反馈回来的信息也是一次比一次积极。家长说,孩子现在回家后能主动把手机交给他们,很少再有像之前那样一玩就是一个小时的情况。高二来到新班级的第一学期期末考试,唐洋的成绩进步很大,获得了全年级"学习进步之星"。

有些"问题"学生身上的问题存在于学生自己身上,有些则在家庭和家长身上。表现在孩子身上的问题比较表象,我们容易发现,也相对比较好"调理"。但是存在于家庭环境和家长身上的问题却比较内里,我们不容易发现,需要我们一层层剥开才能看出个"青红皂白"来。如果遇到这样"万能型"且"不讲理"的家长,我们一定不能"硬碰硬"而动了肝火,以免跟了家长的节奏,让家长给"带跑偏"了。我们要使出"四两拨千斤"的巧劲,找准他的软肋,触到他的痛处,打击他的"七寸",灭掉他的"气焰",然后再一点点"调理"。当我们把家长的"毛病"调理好了,孩子身上的问题也就会一点点"水到渠成"。

以退为进　超越自我

——做一个会"让步"的班主任

中学阶段，随着学生世界观、人生观和价值观的逐步形成，自我意识和独立意识的逐步增强，有些学生越来越不喜欢受制于家长和老师，开始有了比较强的主见。甚至有一部分学生变得不再听话，不再像小时候那样言听计从。他们不理会家长的苦口婆心，听不进老师的谆谆教导，与家长和老师反着来，对着干，致使家庭矛盾升级，师生关系紧张。

遇到这类学生，班主任切不可火冒三丈而大发雷霆，也不必气急败坏而大动肝火。对于这样的学生，班主任既需要费力，更需要费心。因为这样针锋相对地"硬碰硬"是根本转化不了这类"问题"学生的，反而有可能使问题更加严重，关系更加僵化。那应该怎么办才好？很简单，别硬杠，适当变通一下，退一步海阔天空，退一步，进两步，以退为进，步步为"赢"。

车哲是我的卫生委员。高一时这个孩子在原班担任班长，高二分班后他来到了我班。分班后，加上我班原高一两个班长，班里总共有四名"老班长"。本着用熟不用生的原则，在推选班长时，我班原高一两名班长继续担任班长，车哲则被任命为卫生委员。也许是因为由班长被"贬"为卫生委员，有点接受不了，他心里产生了一定落差，有了些许失落。在卫生委员这个岗位上，他不是很积极，表现出一副玩世不恭、吊儿郎当的样子，总感觉带有一些负面情绪。

高二第一学期寒假，按照疫情防控需要，学校要求班主任监督学生如实填写《假期日报告零报告体温检测统计表》。就该项任务，我在放假前休业式上面向全班同学作了重点布置。要求每一名同学每天按时按要求如实测温并填写统计表在线版。然而，寒假第一天，直到当日最后截止时间，车哲也未检测填报自己体温。全校因为他一个人没有完成而无法汇总上报，只能苦苦等待。我连续三遍给他打电话,电话始终处于无人接听的状态。我又分别给他父母打去电话,让家长想办法尝试联系孩子。家长说早上出门上班时孩子还在睡觉,打去电话也是无人接听。而且,家长说因为工作原因无法脱身赶回家去叫醒孩子。整整一上午时间,我先后打了 11 个电话,都没能联系上车哲。

中午 12 点多,车哲终于打来了电话,解释说上午和父母一起去亲戚家看望病人,没带手机,所以没接到我的电话。没想到他不但没有认识到自己的错误行为,反而张口撒谎欺骗老师。我让他抓紧测温并填写体温检测统计表,他说已经检测填完了。我打开在线统计表准备再检查一遍后上报,结果这一看不要紧,他填报的当日体温是 39.6℃,这着实吓我一跳。我又赶紧打去电话核实,他说误把 36.9℃ 填成了 39.6℃。我问他是不是真实测了体温后如实填写的,他嗫嚅着告诉我说,没有测体温,是自己随便编了一个数字写上去的。

完成体温检测上报后,我通过 QQ 群召开了一次线上微班会,再一次强调每日体温检测上报要求。同时,宣布撤销车哲卫生委员职务。我告诉同学们,作为班干部,要有最基本的责任意识、榜样意识和服务意识。车哲没有按时完成体温检测,随意谎报体温,欺骗老师,缺乏责任意识和诚信意识。一个学期以来,对工作不积极、不主动,几次谈心交流也没有任何改变,在同学中间起不到很好的榜样示范作用,缺乏必要的服务班级意识,对班级工作和学校工作造成了严重影响,希望同学们引以为戒,好自为之。

没想到的是,被撤了职的车哲在各方面反而表现得更加积极,还主动向我"献殷勤"。寒假网课延时服务,他的各科接龙签到基本都是前几名,而且课堂表现得也很活跃;填写综合素质评价信息管理平台,他很早就完成了任务,而且每一项内容填写都很认真、很全面;人人通学习平台注册登录,他完成得最早,而且还指导别人完成;其他寒假德育作业,他也是很及时很认真地完成。

开学后,我与两个班长专题商议车哲的问题,班长建议再给他一次机会,给他两个星期试用期,看看他的表现。如果他还像第一学期那样不负责、不认真,那就重新改选卫生委员。我听从了两名班长的建议,暂时恢复了车哲卫生委员职务,给了他两个星期试用期。他的表现比第一学期积极了很多,也认真了很多。政教处重新划分了室外卫生区,值日小组学生不熟悉,他很早就去卫生区,提前"侦察地形"，看看哪里需要重点打扫，需要多长时间，做到有的放矢，节约打扫时间；卫生打扫，他不再只是站着"指手画脚"，而是认真参与每个小组每天的卫生打扫；班里有临时性任务安排，他都会很积极参与完成。

两个星期后，征得全班同学同意，恢复了车哲卫生委员正式职务。自此，他对工作很认真、很踏实，责任意识、表率意识和服务意识也更加强烈。在教育车哲的过程中，我没费一枪一弹，只是适当变通了一下，让他退后了一步，认清自己存在的问题，结果却是前进了两步，成了一名合格的班干部。

牛灵是一名厌学心理比较严重的孩子。他有个孪生哥哥，在另一所高中学校就读。按他父亲的话说，一胎的两个兄弟，没想到差别咋就这么大。从小学到高中，他哥哥学习习惯一直很好，学习成绩也一直名列前茅。牛灵则不同，他的各种习惯都不是很好，因为厌学情绪比较严重，他的成绩很不理想。

有一天早晨，牛灵父亲发来信息，说孩子感冒发烧，需要打吊瓶，请假一天。我回复信息批准了他的请假。第二天、第三天他父亲连续发来信息，说孩子的病情有点加重，需要继续请假治疗。我想一个简单的感冒发烧，怎么能如此顽固以至于连续打吊瓶还不见好转。于是，我给孩子父亲打去了电话，想具体了解孩子病情。结果孩子父亲很惊讶，说牛灵没有生病，每天都是按时上学，按时回家。我把连续三天接收到的信息截图发给了他父亲，他父亲说根本就没有过发信息请假的事，可能是孩子用他手机偷偷给我发了信息。

晚上，孩子父亲给我打来电话，说孩子回家后交代了事实。原来，趁父亲不注意，牛灵用父亲手机以家长口气冒充父亲给我发信息请假。这三天时间，牛灵都是去离家不远的一处工地打零工。

第二天，牛灵父亲带着孩子一起来了学校。牛灵父亲说，孩子现在很叛逆，很不听话，一点也管不了。而且厌学情绪很严重，根本不想上学，好说歹说这才极不情愿地来了学校，老师您说该怎么办啊？说话时，家长长吁短叹，很是苦恼，很是无奈。我问家长会不会是家庭教育环境或教育方式影响了他的心情，让他产生了叛逆情绪。他说从上幼儿园开始，对兄弟俩的学习生活完全是同一个标准，同一个待遇，教育方法也是完全一样，再说也不可能厚此薄彼啊！可就是不明白为啥一个天上一个地下，两个人的反差为什么就这么大。我问家长这次逃学前,孩子在家里有没有一些反常表现。家长很肯定地说没有,而且与牛灵关系最亲的双胞胎哥哥也没有发现他有什么反常表现。

与家长沟通完后,我又单独与牛灵进行了沟通交流。我问他为什么要撒谎逃学,他说不想被学校和家长管束着,不喜欢学习,所以不想上学。我问他不上学了想去干什么,他说想去打工挣钱,挣了钱想出去玩。我问他打三天零工老板给了多少钱,他说一天80块钱,给了160块钱,还有80块钱应该今天去了才给。我说你一天挣80块钱,除去吃喝,也剩不多少钱,攒够出去玩的钱需要很长时间。他说那就慢慢攒,反正就是不想上学。我想,他这样执拗又稚嫩的思想,通过简单的谈心说教是很难转变的。

我问牛灵父亲怎么办,他说这么小的年龄去打工身体也吃不消啊,也不想让孩子这么小就踏入社会,还是想让孩子继续上学。我说孩子可是"吃了秤砣铁了心",坚决不上学,如果强制,可能会出问题。孩子父亲也是有所担心和顾虑,只是不停地唉声叹气,也不知道怎么办才好。我说我有个想法,就是不知道你们家长同意不同意。他很急切地说,老师您说,我同意。我说要不咱们就"成全"他,索性让他去打工。我给他准两个星期的假,让他无牵无挂、自由自在地去打工、去体验。我估计用不了两个星期,等他真正尝到了打工的滋味,他自然就会"回头"。家长经过思考后最终同意了我的想法。

就这样,牛灵正式踏上了自己的打工挣钱之路。一天,两天,三天……第九天,家长给我打来电话,说孩子让他给我说说情,不想去打工了,想来上学。我回绝了家长的"求情",告诉家长如果要"求情",就让他自己来学校向全班同学"求情"。我想让牛灵对自己的打工经历做一个现身说法,对全班同学进行一次挫折教育,让他们从牛灵的"求情"中体味生活的辛苦,懂得珍惜当下。

牛灵讲述了前后十二天的辛酸经历,讲述了老板对他的训斥和谩骂,讲述了老板荒唐的扣钱借口,讲述了每天十多个小时的高强度劳动,讲述了每天中午"无法下咽"的水煮白菜,讲述了回到家后腰酸背痛躺下就睡的"幸福"……他说他以前跟父母要钱花时从来没有考虑过父母挣钱不容易,所以花钱总是大手大脚。当花自己打工挣的钱时,却又舍不得花,因为自己真真切切体会到了挣钱的辛苦滋味。他说打工的这些天,他想了很多,也懂得了很多,能在学校学习真的是一件很幸福的事。他奉劝同学们一定要珍惜在校的每一天幸福时光，珍惜父母对我们的无私付出，珍惜老师对我们的宽容和谅解。

自此，牛灵的态度发生了巨大转变。他不在执拗，也不再叛逆，无论是学习态度还是班级工作，他都表现得非常积极、非常认真。在老师同学的帮助下，双胞胎哥哥的感召下，他的成绩一次好过一次，进步一次大过一次。

中学阶段是学生成长的关键时期，有的学生自以为翅膀硬了，就想单飞，想出去闯荡社会。面对这样的学生，班主任既要坚持教育原则，又要注重教育方法的适合性与针对性。当这些学生表现出不听话、不配合的牛脾气时，班主任可以适当变通一下，适当做出一些让步，让自己退后一步，让学生也退后一步。退后这一步，让学生看清自己的能力和本事，知道自己有几斤几两。当他们真的看清了现状，看清了自己的时候，他们自然不会继续退步，反而会变退为进。这一进，不是回到原点，而是超越原点。

出尔反尔　不讲武德

——做一个能"善变"的班主任

每次接手一个新班级的时候,班里总会有几名性格特别内向的学生。无论男生还是女生,他们身上所表现出来的特点基本都是一样的。不怎么爱说话,不喜欢与别人交流,不喜欢出头露面,不参加集体活动。即便是老师上课提问到他们,他们回答问题的声音也是很小很弱。在班里,他们喜欢"隐藏"自己,过着无人打扰的"田园生活"。他们没有特别要好的朋友,也没有彼此交恶的"敌人",跟班里每个人似乎都保持着一种若即若离的平淡关系。

有一届高二选科分班的时候,我遇到了类似于这种类型的三名学生。在正式决定要尝试"走进"这三名同学之前,我分别与他们高一时的班主任进行了沟通交流,详细了解他们的性格特点、习惯爱好和学习情况。

三人中,方慧的情况最为特殊,也最为复杂。方慧是一名女生,很聪明,但是她的性格却极其特别。她每天都安静地生活在自己的世界里,独来独往,不与任何人交流,不参与任何集体活动。上课时她只是静静地坐那里"沉思",不做笔记,不回答问题,不跟随课堂节奏,不参与老师上课,不交任何学科作业。更严重的是她的双手始终处于攥紧的状态。据同学们反映,从没看见过她的两只手打开过,也从未见过她对别人笑过。

有一段时间,我"偷偷"观察过她的一举一动,发现她从书包里往外拿书的时候,先用双腿夹着书包,然后用两只紧握的手笨拙地拉开书包拉链,再用同样的动作从书包里夹出书,整个过程,她的双手始终紧握,不曾伸开。我与班长和卫生委员商量,给她安排了教室扫地的值日任务,试图通过这种方式"逼"她慢慢打开双手。然而,让我们没有想到的是,她依然紧握双拳,用两只手夹着笤帚把,一点一点扫地。

因为这样的性格特点，她从来不和同学交流交往，与同学和老师之间始终保持着她认为的安全距离。当然，同学们也尽量"躲"着她，不敢"靠近"她，更不敢"招惹"她，唯恐一不小心触及她的敏感神经，给自己带来不必要的麻烦。但是我觉得这样下去只能让她越走越远，越来越孤独。她既然有缘来到了这个班，成了这个班集体中的一员，成了我的学生，我就有责任照顾好这个孤苦可怜的孩子。

于是我决定尝试"走进"她，我不能确定我能否改变她，或者能改变她多少，但我都要去试一试，只是因为她是我的学生，我是她的班主任。我不能确定她的内心世界里对我的接纳度和认可度到底有多少，但我能确定的是我从责任和良知的双重角度想去解冻她，温暖她。

第一次月考后，我与家长有了首次交流。孩子母亲说："她在外有点交流障碍，小时候挺好的，很开朗。到了初二下学期开学后不久，孩子像变了个人一样，突然把自己封闭起来，不知道因为什么原因给她造成的心结，越来越严重，严重到手也不伸出，直接影响了成绩和中考。在家也不敢太多说她，跟亲戚朋友也基本不交流，基本活在自己的世界里。"

我问孩子母亲有没有考虑过是孩子的心理出了问题，之前有没有给孩子看过心理医生。孩子母亲说，之前看过心理医生，但是不论医生与她交流任何话题，她一句话也不说。后来，她越来越敏感，根本不愿接受心理医生。

我很清楚，对方慧的转变绝不能冒进，不能急于求成，需要一点点靠近，一步步走近。早晨到校她来晚了，看到她有点着急的样子，我俯身蹲在她桌子旁边，弱弱地询问迟到的原因，安慰她迟到一点不要紧，但不能在路上着急跑，一定要注意安全，她只是怔怔地看着我，一言不发；她脱下羽绒服，披挂在椅子背上，衣服袖子拖在地上。我从后面拿过羽绒服，叠好了放到她的储物柜里，她回头看着我，一言不发；中午她去吃饭时，我把她杂乱的课桌面整理干净，并告诉某一名同学，让其"悄悄"告诉方慧是我整理的；她在电热炉接水，我碰巧遇见，我拿过她手中的杯子给她接上开水，兑上温水，并告知她接水时一定要小心，防止烫伤，她怔怔地看着我，一言不发；下午放学收拾书包时，我偶尔帮她把书装进书包，给她拉上拉锁，她还是怔怔地看着我，一言不发；放学离校时，我在教室门口向她摆摆手,说声"再见! 方慧,路上注意安全!"她只是瞥我一眼,头也不回地走了……就这样,我一遍遍"自作多情",她一次次"毫不领情"。但我始终坚信,只要我不灰心,不死心,她一定会知我心,动其心。

有一天早晨,方慧到校很早,我在班里表扬她时,她给了我一个转瞬即逝的微笑,让我受宠若惊。晚上,我给方慧发了一条 QQ 信息:"哈喽哈喽,方慧,特别喜欢看到你笑,有时候我在班里开玩笑时总是爱关注你,就是想看看你笑了没有,一看到你笑了,我就特别高兴。今天早上你到的那么早,又一次让我感到特别的高兴。你是一个很阳光的小女孩,也是一个很温顺的小女孩,只是可能你有太多的顾虑,所以缺少了一些美丽的笑容。如果有可能的话,以后就保持这样的到校的时间,同时多给我一点笑脸,也让我灿烂灿烂。可爱的方慧,你说可以吗?"我用了一个俏皮的小女孩的表情包代替了"可以吗"三个字。她没有回复我,但是她母亲"偷偷"给我发来信息说,孩子把我发给她的信息给她和她爸爸看了,孩子很激动,很高兴。

"奇迹"出现在班主任节那天。那天中午,当我如往常一样走进教室准备休息时,同学们突然全体起立,为我唱歌。教室多媒体上有同学们专门为我制作的 MV,还有写满了整个黑板的祝福语和俏皮话。我站在讲台上尽情享受着这幸福的一刻,不停地向同学们说着"谢谢"。突然,我发现了站在第四排中间位置的方慧,她也在为我唱歌,而且面带羞涩的微笑。就在我一边向同学们说着谢谢,一边扫视每一名同学的时候,我们俩的眼神相遇了。很明显,这次她没有回避眼神,也没有收回笑容,她好像很幸福又很享受的样子。为了不惊扰她,我没有盯着她看,迅速把眼神从她身上挪开,但我用余光一直关注着她,直到同学们把歌唱完。

这是我所了解的方慧的第一次歌唱,虽说只是一次"合唱",但她没有"滥竽充数",我能确定,她的歌声是发自内心的;她羞涩的微笑,却是真情流露,我能确定,她的微笑是会心的。我想,可能是我一遍遍的"自作多情"让这个"孤独"的孩子内心有了一丝温暖。也许她真正理解了我的"自作多情",也正在一点点接受我的多情。虽说之前她一直表现得很冷漠,很无情,但也许那只是外在假象,其实在她内心,她可能已经开始慢慢知心动心。

我把方慧的变化通过 QQ 与家长进行了交流。我告诉孩子母亲，我在通过一些办法尝试与她沟通，逗她开心。虽说她始终没有对我开口说话，但我感觉她至少没有排斥我，反而感觉在试着接纳我。我说班主任节那天，她与同学们一起为我歌唱，为我送祝福，而且把她最真诚的微笑送给了我，我很高兴，也很幸福。

　　孩子母亲说："李老师，我最近也发现这个孩子确实有了一些改变。每天回家后都跟我讲一些学校和班级的事情，孩子这两个多月说的话能顶上过去三年多说的话，而且大部分时间表现得很开心。上周她跟我说她换了座位，我都很惊讶。您对她的关心，她有时不回应，但她心里明白，回家后她会跟我讲。其实她还是希望有朋友的，她怕别人关注她，但她又希望得到别人的关注，她的内心很矛盾，很纠结。但她最在乎的就是您，很在乎您对她的评价和看法。"

　　我告诉孩子母亲，方慧的情况需要一点点调理，千万不要着急，也不要给她太多压力。家长也赞同我的观点，很希望和老师一起配合，帮助孩子走出困境。

　　新年来临之际，学校安排各班级举行庆元旦联欢活动。活动前，班长告诉我说节目可能有点少，有些同学不好意思演节目。于是我召开了一次微班会，我告诉同学们：我们都不是专业演员，我们上不了春晚舞台，我们就是"关门放炮仗——自娱自乐"，只要你高兴大家就高兴。同学们不在乎你的演技多好看，唱得多好听，即便是你五音不全，严重跑调，大家哈哈一笑为你鼓掌，你就给大家带来了快乐，你就是幸福的，同学们也是幸福的。

　　结果，这不动员不要紧，这一动员，节目数量又超了。班长问我怎么办，我告诉班长不能砍掉任何一个节目，只要同学们愿意表演，我们就延长时间，让同学们尽情展示，享受快乐。动员会结束后，同学们纷纷报名演节目。但是，当我看到班长整理好的节目单时，还是让我很吃惊，方慧与另外那两名同学的名字赫然在列。

　　在活动过程中，那两名同学都表演了唱歌，虽说有点局促紧张，但表现得还算比较自如，而且唱歌也很好听。方慧表现得更是"过分"，在同学们组织做游戏时，我悄悄告诉班长尝试拉上方慧一起玩，结果在游戏第二组，她是最终获胜者。再后来，方慧与同桌（前面提到的另一个内向女生）一起表演了歌伴舞，她是舞者。她自己又表演了女生独唱，好听的歌声赢得了全班喝彩。在现场，我一度无法相信这三名同学就是原来那个极度内向，不爱说话的同学，她们的表现让我惊讶，让我兴奋。

因为是新年元旦，我为班里每一名同学买了一个杯子作为新年礼物。其中有三个杯子相对好一些，我本想奖励给平时最忙碌、最认真的两个班长和团支书。但是，在我看完这三名"特殊"同学的表演后，我临时改变了主意，我决定把这三个杯子奖励给他们三人。

最后的节目是我的魔术表演，在表演之前，我给同学们解释了送给同学们杯子的寓意，解释了我临时改变主意，把三个好杯子改送给这三名同学的理由。我请求两个班长和团支书能原谅我的突然"变卦"，希望他们能理解我的良苦用心。我的两个班长几乎同时站起来说"老师，我同意！"他俩带头鼓掌，所有的同学都站了起来，同学一边鼓掌一边狠劲点头表示赞同。

在同学们的掌声中，我走下讲台，把三个杯子分别送到了三名同学手中。从她们脸上我看到了她们喜悦的心情，看到了她们少有的笑脸。方慧也笑了，她笑得很开心，很幸福……

其他班同学知道我班的压轴节目是我的魔术表演，个别同学在结束自己的联欢后就跑到我班教室门口"看热闹"。当我解释我的"变卦"决定时，有一名同学开玩笑地说，老师你这样"出尔反尔"，就是"不讲武德"，明目张胆地坑班长啊！惹得门口围观的同学哈哈大笑。

第二天，我把方慧表演节目的事儿通过 QQ 给家长做了汇报。"方慧妈妈，孩子在元旦联欢活动中表现得非常好，她面对全班同学表演了游戏，唱了歌，跳了舞，这让我很是欣慰。孩子一直比较封闭，比较胆怯，我用各种办法在激励她，鼓励她，给她树立信心，帮她找到自信，她也在一点点走出自我，走出封闭。我能感觉到她在联欢活动中过得很开心，很幸福。我们别着急，也别失去信心，孩子一定会变得更加开朗，更加自信。加油，我们一起努力！元旦快乐！"

方慧妈妈回复我："谢谢李老师，看到您的留言，我很高兴。元旦的头一天我听她说有节目要表演，我也很惊讶。不管节目表演得怎么样，能走上舞台就是很大的突破。最近感觉她在家也比原来好多了，家里的聚餐也参加了，也会经常给我聊一些班里的趣事。前几天还给她原来的同桌准备了生日礼物，趁人不在时放到了桌子上。孩子遇到您，是孩子以及我和她爸爸的福气，因为有您，我们充满希望。感恩李老师，感恩所有的老师和同学！祝2021一切顺利！"

　　有一名老师问我，"我完全想不到你是用什么魔力把这三名同学动员上舞台的，我完全不敢想象她们会面对同学们敢于唱歌跳舞。"我说："我没有什么魔力，只是用爱的积累、爱的力量和心灵的彼此慰藉不厌其烦地去化解曾经冰封的心灵！"

不了了之　放下威信

——做一个敢"作为"的班主任

　　说起学生丢失东西，几乎每个班主任都遇到过。不知各位班主任如何应对和处理学生丢东西这样的问题。但说实话，在所有班级事务中，最让我头疼的便是学生丢东西这类事件的处理。在这类事件的处理中，我没有任何可用的比较成熟的妙招，可以说是束手无策。曾经拜读过一些班级管理、德育案例分析等方面的书籍，也未能"取人之长，补己之短"。尤其是在教室尚未安装监控的那些年代，一旦发生学生丢失东西事件，因为缺乏有价值的线索，加之班主任没有"破案"的专业能力。最终结果几乎都是石沉大海，成为"积案"，大多数案件是破不了的。

　　班主任生涯中发生的一起学生物品丢失事件，至今仍深植于内心使我永远不能释怀，它也在时时刻刻提醒着我，警示着我。

　　事情发生在某级高一下学期，有一天，学生上完音乐课回到教室，女生任雪跑到我办公室说她丢了100块钱。我问她钱放在哪了，她说钱在钱包里，钱包在书包里，书包在桌洞里。她清楚地记得中午去吃饭的时候钱还在钱包里，下午第三节上完音乐课回到教室后发现钱丢了，所以她不能确定具体丢失的时间。但她很肯定地说钱一定是被宋军偷走了，我问她为什么这么确定是宋军偷的，她给我说了三点理由。一是因为宋军家庭比较困难，平常吃饭很节俭，很少有零花钱；二是因为很多同学都这么认为的；三是因为上音乐课时宋军以肚子疼上厕所为由向老师请假离开音乐教室好几分钟。我觉得这样的理由实在有点牵强与荒唐，于是，我先给她做了思想工作。

　　我告诉任雪："即便是宋军在音乐课上课期间离开过音乐教室，也不能确定就是他偷的，再说具体什么时间丢的钱，你自己也不能确定。在没有确凿证据的情况下不要道听途说，更不能随意猜疑，否则会造成同学之间的矛盾与隔阂，伤害同学之间的感情。"谈完话后，我让她先回了教室，并叮嘱她不要在教室声张，更不能找宋军同学对质。

宋军是一名男生，他性格很内向，平日里喜欢独来独往，很少与同学说话。可能是因为家庭和性格的原因，他总是给人一副比较自卑的感觉。我悄悄观察宋军，可能是因为他已经感觉到了同学们的猜忌与怀疑，也可能听到了同学们的风言风语，他显得比以前更加沉默寡言，闷闷不乐。下午放学后，我悄悄地留下了宋军，等办公室老师全部离开后，我把他叫到了办公室。

我问宋军有没有拿同学的钱，我没有用"偷"这个字，是担心这个字太敏感，会伤害到他的自尊。他很委屈地说："任雪的钱真不是我偷的，老师，您不会也怀疑我吧？"说话时，他的眼神中透露着一丝忧郁与失落。

"不是老师怀疑你，老师也想搞清楚这件事，不冤枉好人，不纵容错误。"我急忙"辩解"自己的想法。

"任雪怀疑我音乐课请假上厕所是幌子，其实是跑到教室偷她钱了。可我真的是肚子不舒服上厕所了，物业打扫卫生的阿姨看见了我，可以作证！"宋军继续为自己"伸冤"。

"老师相信你，如果不是你，你也不要自责，清者自清，无须辩解，老师会继续调查这件事的。"说完后我让他回了家，从办公室离开的时候，宋军的表情带有明显的失望。

第二天，我又分别找了几名班干部和其他同学了解情况，谁都不能确定也没有证据证明任雪的钱就是宋军偷的。物业打扫卫生的那位阿姨也证明那个时间段确实有一名男生去上厕所了。至少从时间上判断，宋军根本没有足够的时间去教室偷钱。我把这个情况与任雪再一次进行了沟通，并承诺她继续调查。同时，我也与任雪家长取得了联系，家长倒是很通情达理，劝我不要再调查了，免得彼此误会，伤害到同学感情。之后的时间，我也没有就此事再做进一步的了解和调查，最终的结果是我并没有给任雪一个明确的答复和交代，更没有为宋军洗清"冤屈"，采取了一种"时间虽说不能改变一切，但却能淡忘很多。"的不作为态度，让事情慢慢地不了了之。

就这样,随着这届学生的毕业,这件事也很快被大家遗忘,也被我完全抛却。

时间过去了十年之久,其间有过几次学生聚会,但从未见过宋军的身影,我也没有太在意。有一天,这个班的同学们组建了一个微信群,我也被拉进了群里。同学们如久别重逢般在群里嬉戏打闹、互诉衷肠。宋军也在群里发言了,他在群里说的第一句话也是唯一的一句话却让我永远不能忘记。他"艾特"了我,对我说:"李老师,那100块钱真不是我偷的。"这句话的后面是两个流泪的表情包。

宋军的一句话也把我的记忆重新拉回到了十多年前的那件事上,那件被时间"尘封"了十年之久的往事又一次被启封。原本"闹腾"的群一下子陷入了寂静,我也好似被炸雷击中一样,瞬间僵硬,不知道该说什么好,该怎么回复他。就在我五味杂陈、无所适从时,宋军突然选择了退群,这让我的情绪更加复杂和沉重。

我关闭了群聊,没有了任何工作的心思,整个人"瘫软"在椅子上,满脑子都是宋军高中生活和十年前的那件事。我突然感觉到我很失败,失败于自己不是一个合格的班主任,失败于自己当初的不作为和没能力,失败于没有保护好这个孩子,失败于十年前对宋军心灵上造成的伤害……整整十年,宋军把这件事深埋在心里,他无处倾诉,无人能说。这十年间我不知道他经历了怎样的心理历程,我不能想象他承受了多大的精神负担和思想压力。

十年时间,他在等待一个给自己"伸冤"的时机,等待一个为自己"昭雪"的机会。他终于等到了机会,他终于有机会为自己"昭雪"了。他可能很失望,为当初懦弱、胆怯的自己感到失望,为平白无故指责他的同学们感到失望,为没有保护他、甚至是冤枉他的班主任感到失望。十年前,他在那个"温暖"的班集体中是多么的孤独和无助;十年间,他背负的精神压力又是多么的沉重和压抑;十年后,他终于等到了机会,他又是多么的轻松和敞亮。

他与别的同学不一样,加群不是为了找到"组织",联络同学。他加群的目的可能很单纯,就是为了澄清一个尘封内心十年之久的"秘密",就是为了说一句话,说一句压在心中十年之久必须要对群里的这些同学和老师才能说的心里话;他退群的目的同样很明确,他可能已经完全失望。这等待的十年,是自己背负"罪名"的十年，他终于有机会说出来了，可以为自己"昭雪"了，十年的阴郁终于可以拨云见日了。他释然了、敞亮了、轻松了，他了无牵挂、无所留恋，所以他问心无愧地选择了退群。

我尝试着与宋军单独联系，但都没能如愿。我清楚我深深地伤害了他，伤害了他的心灵，伤害了他的人格尊严，而且这样的伤害让我完全没有解释和弥补的机会，这样的伤害对他造成的影响可能是一生的，这样的伤害对他来说可能是永远难以抚平的。在后来的反思中，我想出了好几种解决办法，每一种方法都能很好地保护这名学生的自尊和隐私，但再好的办法终究改变不了自己造成的后果。对于宋军的亏欠我再也没有机会弥补和纠正了，对宋军的伤害是我一生的痛。

接近二十年了，这件事对我的警示和影响持久难忘，像一个枷锁一样套在我的肩上，对我的打击同样沉重且难以释怀。在以后的班主任工作中，我给自己定了一个原则，无论学生犯下多大的错误，出现什么样的问题，如果没有100%的证据和把握，我绝不道听途说，绝不随意找学生谈话，绝不让事情半途而废，不了了之。

班级工作没有什么轰轰烈烈的大事，但对于学生来说，每一件事都不是小事，都关系到学生的健康成长和点滴进步，老师的一言一行都可能对学生产生久远的影响。所以，在对班级问题的处理中，作为班主任我们绝不能轻言，更不能拙言，否则会给学生造成无法弥补的伤害和影响。

寻找优点　学会包容

——做一个能"容错"的班主任

有一天,分管学生德育工作的吕校长找到我,说我班有一名同学打了12345市民服务热线,需要我回复一下。我一时有点懵,又有点紧张,以为哪个"捣蛋鬼"又"作了业",捅了娄子,恶意投诉了学校或者老师。说话间,吕校长把一份12345承办单给了我,待我看完内容后一颗悬着的心才算是放下来了,原来不是投诉电话,是表扬我班学生赵阳的一份承办单。

我仔细阅读了承办单"问题描述"中陈述的内容,大意是我班一名学生在公交车站捡到一部手机,经多方寻找联系后找到失主,把手机还给了失主。失主当即拿出现金表示要感谢赵阳,但被赵阳同学婉言谢绝了。后来,在失主的再三追问下,赵阳同学告诉失主自己是一名在校高中学生,并将所在学校、班级和联系方式告诉了失主。于是,失主就通过拨打12345市民服务热线电话的方式,希望学校和班主任对赵阳同学这种拾金不昧的优良品质给予表扬。

12345承办单"是否回复"与"是否保密"两栏中分别填写的是"是"和"否",这表明申请人要求承办单位必须以电话的方式回复本人。弄清楚事情的来龙去脉,我便拨打12345承办单上的联系电话,准备回复对方。可是在我输入承办单上留下的电话号码后,我的手机屏幕上却神奇地出现了我班学生赵阳的名字。起初以为是输错了电话号码,我又重新输了两遍,结果还是一样,手机屏幕上出现的依然是赵阳的名字。我觉得事情有点蹊跷,但也一时没有反应过来为什么会出现这种奇怪的情况。放下手机陷入沉思后我突然明白了,应该是赵阳自己拨打了12345市民服务热线,他想自己表扬自己。

我单独找到了赵阳,询问他有没有12345承办单中描述的这件事,他说这是事实,他又给我原原本本讲述了一遍事情的经过。我问他知不知道失主拨打

12345市民服务热线感谢他，并希望学校和班级表扬他的事，他说不知道。然后我把回复电话时出现的蹊跷现象给赵阳叙述了一遍，知道事情已经败露，他不好意思地一边挠头一边咧着嘴笑，不再说话。

我问他："这到底是怎么回事，为什么需要回复的联系电话是你自己的？"

赵阳说："当时捡到手机的时候，不知道该怎么办，结果很快就有人给那个手机打了电话，接通后知道是丢手机的人打来的，我就在站牌那里等了20多分钟后把手机还给了那个人。那个人要给我钱，我没要，后来他说要通过12345市民服务热线向学校反映这个事，想让学校表扬表扬我。从那以后，我每天都在等着学校的表扬，结果等了两个多星期也没等到，我觉得那个人忽悠了我，于是，我就自己打了电话。"说完事情的原委，赵阳再次强调捡到手机归还失主的这个事是真实的，让我一定要相信他。

听完赵阳的叙述，我觉得既可气又好笑。我说："老师相信你做了好事，但人家没有打电话，可能是因为工作太忙没顾得上。再说了，你做好事是因为你发自内心的一份善良和责任，并不是为了获得赞誉或谋求得到回报，但是，你自己给自己打电话寻求得到学校的表扬，就显得不大好了。"

我问他为什么要这样做，他说："从小学到高中，我一直比较调皮，学习成绩也不是很好，不但没有受到过老师的表扬，没有上台领过奖，而且还经常被老师批评，被家长挖苦，总感觉自己比别人矮半头一样。我这样做，没有别的想法，就是想得到老师和家长的表扬，让别人能瞧得起我。"说这段话的时候，赵阳显得很委屈。

是的，赵阳是个"坐不住"的男生，他的小毛病比较多，无论学习还是班级工作中，他都表现得很随意，给别人一种"玩世不恭"的感觉，属于"大错不犯，小错不断"型的调皮男生。

经他这么一说，我也意识到了他的问题。任课老师经常找到我，给我控诉赵阳在学习中的种种不是，因为只是一些小问题，所以也没有引起我太多的注意。像赵阳这样的学生，每个班都会有那么几个，他们没有胆量闯大祸，但总是要一些"小偷小摸"的小聪明，惹得老师们很是反感，经常会受到老师们的批评，很少有老师会喜欢这样的学生，更别说给予表扬和奖励了。

赵阳自我表扬的事给了我很深的启发，能把一名学生逼到自己打热线电话期盼得到老师的认可和表扬，这需要多大的勇气，需要经历多么强烈的思想斗争才能下定决心啊！每一天里，那无须期待、更不能回避的批评和冷眼，像无数支冷箭一般不时射向他的身躯，他已经习惯了默默承受。但是他内心对表扬的渴望就像久旱期甘露一般，虽明知不能被赐予，却始终没能放弃等待和渴求。

　　学生的变化在细微之处，学生的成长在点滴之间，假如平时的工作中我再认真一些，观察再仔细一些，对学生的引导再耐心一些，像赵阳这样的学生可能就能多一些改变，小毛病就可能会收敛一些，老师可能会少一些批评，多一些表扬和鼓励。

　　我没有因为这次热线电话事件批评赵阳，反而肯定了他做的好事。我向他表达了没有读懂他心灵的歉意，与他探讨了如何得到更多表扬和认可的正确做法和途径。我以"一个投诉电话"为题组织召开了一次主题班会。班会课上，同学们讲述了一些赵阳曾经做过的好事，我都是第一次听说，让我感触颇深。我按照12345承办单中描述的事迹对赵阳进行了表扬，给予了表彰，倡导同学们学习赵阳拾金不昧的高尚品质，并把这件事给家长做了汇报，希望家长对孩子给予更多关爱和鼓励。

　　赵阳的出发点明确而简单，就是为了得到老师和家长的表扬和认可，改变别人对自己的看法。如此简单的一个要求，多么单纯一个愿望，我却没能给予他，没能满足了他心理的需求与慰藉。这并不是因为我吝啬于我的表扬，而是因为我工作中的不用心、不细致所致。失之于观察，不懂得赏识，致使赵阳久久未能等到一个哪怕是口头的赞许和表扬。在等待的遥遥无期中，他可能已经心灰意冷，在好不容易出现的希望中他再一次品尝到了失望的无奈，所以，他选择了自己"出手"。这件事深深地印在了我的脑海里，深深地刺痛了我的心，也让我反思了工作中对学生吝啬赞誉和认可的不足，让我记住了从细微之处赏识学生的教育之策。

　　渴望得到他人的认可、赞美和关注是每一名学生天然的本性，这是学生心灵的追求，更是一个人成长的需要，尤其是班主任老师对学生的赞誉、表扬和肯定，是学生最为渴望得到的一种赏识，是任何人都无法替代的。班级工作中，基本没有轰轰烈烈和感天动地的大事需要我们进行大张旗鼓地传扬，反而是一些薄物细故的小优点要求班主任老师要善于发现、及时捕捉，给予学生充分的肯定和必要的赞誉，为学生鼓劲加油，促进学生快乐成长。

小车不倒　风筝不断

——做一个会"变式"的班主任

　　总结自己的班主任经历，我把班级管理模式分为两种类型，一类是"推车模式"，一类是"风筝模式"。

　　推车是经济不发达时农村农资的主要运输工具，有独轮车和双轮车两种。但无论是哪一种推车，无论是推行还是拉行，推车的两条车辕要始终紧握在手中不能松开。一旦松手，推车定会失控，甚至是翻车。以"推车模式"管理班级，就得把班级死死地攥在手中，不敢撒手，这种班级管理模式有利也有弊，但从我个人的经验教训来看，我觉得还是弊大于利。

　　在我的班主任经历中，有那么一段时间，我的班级管理基本采用的是"推车模式"。每天把学生装上推车，按照座次安顿妥当，攥紧车辕推车前行。一路尽量避开坑洼之地，生怕颠簸会引起学生烦躁和混乱。统一上车、统一出发、统一行进、统一下车，不允许半途停车从事其他活动，哪怕是欣赏一段沿路的风景。就这样，我像一个刚开始学放羊的羊倌一样，总喜欢把所有的羊圈在一个固定的圈子里，不想让羊群离开自己视线太远，担心走远了不好控制甚至是丢失。但是，当羊吃完了圈子里的草，必定就会往圈子外面跑。于是，我又把羊群重新攮回那个圈定好的圈子里，如此反复，羊倌累了，羊也瘦了。

　　曾听说过一个故事，说的是动物园失火，几头大象被活活烧死，其他动物却全部逃生，原因是大象被一条细绳拴在了柱子上。被拴住的大象如果想挣脱绳子，依它们的力量，绳子会很容易被拉断，可是大象并没有挣脱，是因为大象从小就被拴着。小时候，小象有几次试图挣脱，但因力量不足终究没能成功，慢慢地也就放弃了挣扎。久而久之，小象变成了大象，在它们认为拴住它们的绳子是挣脱不了的。所以，当大火来袭时，它们并没有尝试挣脱，以至于酿成惨剧。

虽说这仅仅是一个故事，并不一定真实存在，但是在我曾经的班级管理中，我却这样拴过自己的学生，经常命令学生不能做这个，不能做那个，用一些强硬的命令式手段限制学生，束缚学生。以一种"至高无上"的班主任权威压制学生，让学生绝对服从于班主任，无从反抗。长此以往，学生的思维被限制，手脚被束缚，学生的依赖性越来越强，但是学生的积极性、主动性和独立性却越来越差，更别说充分挖掘学生的潜能了。

在后来与一些毕业学生交流的时候，他们也很正式地给我谈过他们曾经的感受。他们说，我在班级管理中总是表现出一种"警察＋家长式"的"冰冷的"管理模式，更多的是命令甚至是"专制"他们做什么或者不能做什么。不管做什么事情，都要按照我的思路和要求去做，基本不给他们商量和探讨的机会，以至于在很长一段时间里他们很怕我，不敢接近我，即便是在走廊里远远地看见我，也会迅速跑进教室"躲"起来，不敢看到我，也不想看见我。我给他们的感觉不是威严，而是一种畏惧。听到毕业学生这些评价的时候，其实我已经意识到了自己管理方式的巨大问题，也已经意识到了自己管理模式给这些孩子心灵上造成的影响和创伤。

班级管理没有多少经验，总是担心学生出问题，所以不敢放手，就像推车一样把学生死死地攥在手里，牢牢地控制在自己划定的圈子里，这种推车式管理模式在很大程度上限制了学生行为，抑制了学生天性，抹杀了学生个性，致使有的学生如履薄冰，放不开手脚，自身潜能被深深"埋葬"。这么多年来，总觉得对那些学生有一种内心的亏欠，永远没有机会予以弥补，在以后的班主任工作中，我及时改变了这种"迂腐"的管理模式，尝试一种新型模式——"风筝模式"。

以"风筝模式"管理班级，将风筝线盘牢牢掌握在班主任手中，让学生在班主任一根线绳的"牵引"下自由翱翔于蓝天，最大限度地放飞学生，给学生以更大的空间，更宽的视野和更远的眼界。尽可能减少对学生的限制与束缚，更多地教会学生积极适应、敢于尝试、努力创造，更多地着眼于学生的未来与发展，更深地挖掘学生蕴藏的潜能，鼓励他们积极探索，着眼于他们的长远发展；尽可能减少对学生的封闭与控制，给他们一个方向，鼓励学生探索更宽阔领域，自主探究更遥远的外部世界，品味成长的得失，领悟成长的真谛；尽可能减少对学生的命令与吩咐，给学生一个自主适应、主动创造的空间，一个充分展示自身优势和塑造个性特点的空间，一个有助于历练心智和胆略的空间。

　　班主任放飞的技术越是成熟，风筝在空中漫天飞舞的姿态就越是自由和完美。放飞风筝，牵引学生，让学生在翱翔中体会摸爬滚打，在摔打滚爬中得到锤炼磨砺。

后 记

　　有一次，与时任山东省济南回民中学党委书记张尚峰聊起关于学生教育转化的话题时，我想起了曾经的一个案例，就"口无遮拦"地把案例故事叙述给张书记听。不料，"祸从口出"，说者无心，听者有意。张书记说："你这是典型的不按套路出牌，却能收到奇效，对一些屡教不改的学生还很有用。"张书记建议我把过往的一些教育案例做一个系统梳理，积累一些成功的经验和创新的做法，时机成熟时可以考虑出一本书。

　　2019年年底，学校召开教育教学年会，让我作为班主任代表在年会上分享班级管理经验。由于时间有限，只是泛泛地说了说班级管理工作和班主任经历中的一些"小点子"，无法展开，所以也没有说透。年会结束后的一次偶然机会，我把课件分享给了山东省济南第九中学德育副校长韩东先生。他看过后给我打电话，鼓励我把课件内容进行系统整理，出一本书。说实话，对于出书这种严肃的事儿，我是压根儿没想过，所以，就没往心里去，也没太当回事儿，电话交流后很快把这件事儿抛却到了脑后。

　　同年级有几名刚参加工作的年轻教师，他们也是第一次担任班主任工作，可能是觉得我年长几岁，也可能由于学校组织的教育教学拜师活动激励了他们，他们时常会与我探讨一些班级管理中遇到的问题，我便与他们共同破解一些难题，彼此分享一些心得，向他们学习一些新东西，时间久了，偶尔也会"显摆"一些自己的治班之策和工作经验。后来，他们开玩笑说，整理整理我的"语录"，给我出一本小册子，就叫《荣哥语录》。有几位班主任说我在班级管理工作中的一些做法确实比较"偏"，也比较"新"，他们建议我出一本关于班级管理方面的书。

就这样，在领导和老师们的鼓励推动下，我这个平时喜欢"听人劝，吃饱饭"的人就开始着手将工作中的经验和案例尝试转化成文字，呈现给广大读者，唯独期待能得到更多同仁的指点和斧正，以更好提升自己的工作能力和水平。

写一本书，需要有足够多的时间和相对安静的空间，但是，班主任的时间大多都很碎片化，加上学生进进出出办公室，根本不能腾出相对完整的时间坐在电脑前静下心来写点东西，所以写书的奢望一直没有如愿。

2020 年，一场突如其来的新冠疫情打乱了所有的教学节奏和计划。为了将疫情带来的损失降到最低程度，各个学校开始采取网上授课，班主任不用像在学校一样因管理班级和学生而忙乱，我便有了一些相对比较完整的时间和安静的空间。也就是在这段时间内，我得以系统地整理了一下自己的思路，把在2019 年年会上分享经验时用过的课件重新整理了几遍，对其中的 30 多个班级管理的智慧进行了完善和提炼，列出了整本书的提纲。到了 5 月份，随着疫情趋于稳定，学校陆续复学复课，复学后需要做大量的防疫宣传工作和测温防护工作，写书的事儿又一次搁置，这一放就是两个多月。

暑假时，本来计划要回青海老家看望父母，但是为了疫情防控，校领导建议非必须情况下尽量减少跨省外出，所以就给远在千里之外的父母打去了电话，说明了情况，父母也很理解，并且叮嘱我在特殊时期听从学校安排，服从大局。就这样，2020 年的这个暑假，我又一次待在了家里。虽说这个暑假有点"缩水"，但也有完整的一个月时间。也正是这一个月，我终于可以有时间静下心来坐在电脑前认真地撰写了。

一个月的时间，除了必须要做的其他事情外，我基本都是坐在电脑前写作。我把这一个月的时间安排得很有条理。每天早晨起床洗漱后去离家不远的槐荫体育场锻炼 1 小时，8 点开始打开电脑写作，下午继续写作，6 点左右去同样离家不远的森林公园锻炼 1 小时。每天 8 个小时坐在电脑前，致使眼睛干涩且左眼不停流泪，我就学着学生的样子做做眼保健操，点一些眼药水稍微缓解一下。坐在椅子上的时间久了难免腰背酸痛，爱人便会很关切地给我按摩，然后让我起身溜达溜达，舒展舒展，再继续写书。遇到思路卡壳写不下去的时候，就求助于正准备上高三的女儿帮我一起分析，她的指点与鼓励给了我很大的启发和动力。就这样，在这个暑假，我一口气写了24个案例。因为每一个案例都是自己班主任工作和班级管理中的真人真事，且平时都有记载，所以，素材的提取还是比较方便的，只是在用词、语句、修辞、语法等方面需要反复推敲和琢磨。

9月份新学年开学，我带了一个传统的政治、历史、地理组合的纯文科班。高一原班学生在新班级中只有不到10人，其他学生很多都不熟悉甚至不了解。学生需要重新认识，班级需要重新组建，一切需要从头开始，能够坐下来、静下来写东西的时间更少了，只能利用平时零碎时间和周末时间一点点写。就这样，直到2021年1月份，初稿才算完成，这让我舒了一口长气。现在，拙作已面世，不知是否符合广大读者的口味，这也是我所担心和忐忑的，毕竟，出书前本来就缺乏足够的信心和勇气，更何况这还是人生中的第一次创作。所以，我更期待各位专家能给予一定的指正和批评，期待同行的鼓励和建议。

特别感谢我的好友，曾经的同事，全国优秀教师、全国优秀党员、山东省教书育人楷模、济南最美教师、正高级教师，山东省济南第九中学副校长韩东。他不停地给我加油打气，并在写作过程中给我提出了许多很有借鉴意义的成熟想法和可行性建议，使我的写作过程多了一些流畅，少了许多波折。

特别感谢帮我修改的侯树梅老师和腾兴龙老师，她俩用编辑校刊的专业与专注帮我纠错和校对，订正了许多用词用语的错误，提出了很多宝贵的意见和建议。感谢我所在级部的班主任"战友们"。他们是蒋晓芬老师、管玉波老师、孙松老师、袁帅老师、郑德浩老师、徐隆刚老师、王晓娟老师，每次与他们交流探讨关于班级管理和学生教育转化的话题时，总能从他们那里学到不少金点子、好办法，这为我写这本书开阔了很多好的思路。他们的鼓励和支持，给了我足够的信心和力量。

特别感谢我的家人，感谢假期不能回家探望父母时二老给予我的最大宽容和理解。两个假期的时间，爱人和孩子默默地陪着我，承担一切家务，每日关心写作的进度，时不时地给予我鼓励和鞭策，让我有足够的时间和精力坐下来安静地写作。

　　特别感谢我的往届毕业生和家长朋友。感谢你们毕业后依然能理解和包容我曾经可能不太恰当的教育管理方式。你们的点点滴滴给我提供了很多书写的素材，也让我在与你们的交往中学会了成长，收获了经验。

李　荣

2021 年 2 月